Тања Крагујевић
ДОДИР ПАУНОВОГ ПЕРА

Рецензент
Светлана Велмар–Јанковић

Ликовна опрема
Милош Мајсторовић

Илустрација на корици
ПАУН, мозаик, Равена, црква St. Vitale, VI век

Тања Крагујевић

ДОДИР
ПАУНОВОГ ПЕРА

Књига читања

РАД

Василију

Живот у знаку

Када је стварност за већину људи које знам почела да добија обрисе потпуне, не само објективне већ и личне дезинтеграције, различитог осећања губитка које се увећава и продубљује, указала ми се неочекивана прилика да се саберем, преиспитам, дисциплинујем, а да при том ипак маштам, жудим, страхујем; да се опуштам, и жестоко кротим и корим; да не препознајем сивило и да тражим смисао; да осећам одговорност и стрепњу пред његовим изрицањем (јер се он не тиче само мене) колико и катарзичну радост саопштавања уверености (које су моје). Са том могућношћу осетила сам и чудесну промену у унутарњем огледалу. Наиме, оно ми је говорило да за постојеће прилике и околности не само што представљам живо биће већ имам и сасвим самосношљив лик.

Понуђена ми је, наиме, могућност да *читам* и о прочитаном пишем. У неоскудним и неокрутним временима – овај егзистенцијални и лексички плеоназам не би ми био лако опроштен, данас – верујем да је лако схватљив. Преведено на интимни импулс, који је нагињао самоотуђењу, та могућност је могла значити само једно: ако сам досад читање сматрала природним чином, као дисање, од сада ћу дисати учесталије, дубље, и одговорније, са свешћу да постоји читав свет који настаје, преобликује се, живи, пулсира, усред једног другог, који се разлама и распршује, и да, у животној истрајности једног и ишчезавајућој транспарентности другог, ипак постоји чврста тачка за коју се лако (нагонски) везујем.

Што се Прокрустрова постеља збиље више скупљала и тањила, растао је мој покривач. Јер, што је стварност бивала угроженија и нестварнија, то је ритам настајања имагинарног, фиктивног, уобличеног у највреднија остварења духа, био живљи и продуктивнији а његов чудесни учинак, невидљив и благородан, био је лековитији и већи, чинећи и ону мрву збиље другачијом, враћајући је језгру самоосвешћења и енергије у којој се ништа не препушта забораву: ни корени, ни језик, ни традиција, ни садашњост, ни узлет у будућност – ма како се чинио немогућ. Имагинарни ћилим обумио је окраћалу постељу и удахнуо јој своју моћ: дуго стицану, исконску, пониклу на овоме тлу, колико и у универзалном поретку знања, и подарио јој једину снагу коју има: снагу творења, снагу чудесног.

Онај вечни „грех" вере у илузију, сета због њене неухват-
љивости и узалудности, непримењивости и неостваривости (непре-
водивости ни на један од постојећих нити на било који од од-
ређених модела онога што нам је дато или што би нам се у једном
виду могло указати као *praxis* и као спасење) тријумфално су се, а
очевидно, преобратили у уверење да је управо у тој „илузији" једи-
но што стварно настаје, расте и мења се, изводећи нас на чистину
перспектива у којима су само суштине, и закони стварања, трајни
ослонац и неисцрпна слобода сред ограничених варијетета пре-
живљавања, дотрајавања и пуцања зарђалих опруга.

Ту *со* сам покушала да тражим и уводим у хлеб свагдањи, тврд
као камен.

Илузија ми се, дакако, чинила гипкијом и надмоћнијом, дело-
творнијом и трајнијом, и тиме се указивала као снага *стварности*,
која у односу на слику расапа реалног чини склоп раван знаку једне
нове реалности, по себи, својеврсном *трагу у времену* који сам је-
дино као такав могла да прихватим.

Разуме се да у том захвату издвајања најбитнијих креативних
вредности које потврђују закони стварања лежи и основа опре-
дељења исказаних овом књигом, веровање ако не у виши смисао,
оно у темељни, неизбрисиви удео стваралачке реалности у општој
клими времена, а не искључиво *vice versa*: образовање књижевног
знака на видљивим и егзистенцијалним полазиштима. Самим тим и
– уводна теза о личном бедему одбране од стварности добија
секундарни значај. У основи селекције ових текстова јесте принцип
вредновања као примарни *читалачки* импулс. Чињеница да је
готово у свим текстовима и према свим ауторима видљив афирма-
тиван однос, свакако има своје имплицитно разјашњење. Можда, у
целини узев, ту опцију читалачког прихватања одређује лична,
поетска свест, поимање стварања које тежи јединству, *усвајању*
светова који се сматрају блиским, чијим преиспитивањем се осна-
жује сопствена визура.

Посредовање *пауна* у широкој семантици његове могуће књи-
жевне улоге нимало у том погледу није случајно. Почев од оног
којег апострофира наша усмена лирика, која у заоравању чудне
бразде, у песми „Ђаку" (*Ралник му је сиви голуб... / Семе му је си-
тан бисер, / Брана му је чудно перо, / чудно перо пауново*), налази
у дубинама земље саму суштину, душу, до сасвим савремених
поимања семантичких дубина, изражених у модерном писању, где
је смењивање *артикулације* и *сугестије* неизреченог у самом осно-
ву књижевног поступка. Прича Рејмонда Карвера „Перје" управо
је такав пример, у којем се мистично померају и премештају нара-
тивни акценти: од изговореног ка неизговореном, од лепог ка руж-

ном, од небитног ка суштинском, од очекиваног ка изневереном, од заборављеног ка живом, непосредном, посредством *пауна*, његове лепоте и ружноће, појаве и крика, обзнане значења али и његове до краја неисказане тајне, магијски пренете и на неколико његових пера.

Додир пауновог пера, непредвиђено и непредвидљиво ширење или склапање лепезе репа, одређени су, међутим, и неким скривеним, унутрашњим налогом, за који никада не знамо како ће у нашем виђењу расподелити видљиво и невидљиво, *лепоту* и њену *одсутност* (која ће нам се, кад већ једном спознамо величајност и раскош палете, у свом угаснућу учинити *страшном*) и како ће их, када се реп скупи, у нашој свести стопити у ново сазнање о могућем, чак и природном споју неспојивог, као једино правој пуноћи, могућној само у фигури, симболу, метафори корачања кроз два света окренута један другом, у ходу који остварује најпунији и оставља најдубљи траг. А доживљај нове форме, раније непостојеће, коју смо дотакли и у њу се уселили, најснажнији је доживљај промене, плодног изазова, знак кретања и обухвата новог садржаја, готово као јемства *новог живота*, чија фигуративност најављује стварност по себи – слутњу одсутног које говори оним што је присутно. За одгонетача је то пут у непознати простор, у време које не постоји, које је изузето од стварности, а блиско и препознатљиво – као знаковље уроњено у подножје наших постојања, а веће и обухватније од сваког од тих постојања понаособ – које нас приморава да му тражимо невидљиве споне и прихватамо удаљености и различитости, све што нас чуди и обликује, испуњава значењем, и онда када верујемо да се суочавамо једино са новином и непрозирношћу форме. Прибирање облика у нашем искуству постаје моћни говор пристиглих значења – њихово преношење у нас и из нас у даљину недосегнутог облика остварује се посредством плодне тајне сабране у микрокосмосу књижевних значења а напојене ваздашњим кретањем суштина које собом одају чист смисао, попут оног привиђења из *Завештина* Миодрага Павловића:

> *Паунов реп ми се привиђа*
> *кад склопим очи*
> *трепери перје*
> *и споро се миче*
> *шта ће тај паун у мени*
> *зар изгледам као врт*
> *ил славни знанац*

или се преко мене шаљу
у скривене просторе
раскошни знаци

Ако те знаке откривамо као снажније и изазовније у једном а мање изражене у другом делу, то још увек није израз ни естетичког ни вредносног суда. Галаксија књижевних вредности јесте простор најслободнијег кретања; неке су нас књиге мимоишле, у кратком даху времена, неке су опет, у других тумача, нашле срећније читаоце.

А текстови који су обухваћени овом књигом јесу одраз додира који верујем да на свој начин доказују Борхесову тезу да је дело специфично огледало у којем се распознају и црте његовог читача, да је пластичност књиге садржана управо у њеном двоструком лицу. Без читаоца, без другог, ниједно дело није склопљена потпуност. Оно је, наиме, унапред незавршено, јер подразумева приступ са друге стране, а представљаће целину (не и довршеност) ако му читалац приђе доносећи сопствену визију или поимање књижевне форме.

Остварујући свој књижевни концепт, структуру, форму и значење, аутор закорачује у стварност која не може потврдити своју реалност без читалачког одговора. Прихватајући пак *текст* као *реалност*, пружајући му одговор, читалац је на путу стварања новог знака. Није ли тај нови живот знака, утемељен у тексту а надграђен нашим учешћем, потврда ауторства са обе стране, и писца и читаоца, којим настаје његова пуноћа, ако не и коначна довршеност – будући да постоји безброј могућности читања другачијег од нашег. У тој удвојеној игри имагинације чије је *реално тле* управо текст, не само што је садржана притајена драж читања, која се указује и као повод, разлог и оправдање читалачког самоисказивања већ и језгро вредновања. Јер стварањем овог новог знака, са друге стране текста, ми га заправо прихватамо, уважавамо или чак усвајамо, као реалност по себи, која *постоји*, која нас покреће, којој се аналитички можемо враћати, управо стога што је релевантна, незаменљива, инспиративна, и што као таква *значи* и *траје*, јер ће јој наредна читања, других, употпунити знак на друге начине и увећавајући његову призму померати га напред, у непредвидљиве констелације, у којима је једино поуздана чињеница примарног уважавања дела, његовог присуства у сфери нашег духовног живота, његовог властитог, али и нашег духовног постојања, у времену које је живо управо по томе што је способно да буде отворен простор, да ствара и чита, и да креативним читањем вредност упути у будућност.

Земун, фебруар 1993.

Алхемија
песничког језика

ИЗМЕЂУ БИВСТВА И НИЧЕГ

Есеј о човеку Миодрага Павловића

Већ су прве песничке књиге Миодрага Павловића, *87 йесама* и *Сшуб сећања* (1952, 1953), означиле онај интелектуални и стваралачки порив који значи окретање – „неспоразуму човека са његовим ликом" као најактуелнијем питању човекове егзистенције и константи ове поезије, уочљивој све до данас. Смене пошасти и расапа, у самом подножју бивања, тамо где књига природе, књига памћења и књига богова прете да заувек буду склопљене у старославности своје непримењене и одбачене мудрости, за Миодрага Павловића су управо трајна опомена и глас савести и свести – сабран у поезији – да се тој мудрости увек изнова ваља враћати.

Драма човековог трајања – у природном, историјском, духовном и космичком поретку – и овом књигом поезије Миодрага Павловића исказана је многострано, а јасно и прецизно, понајпре у пресеку осујећених, недосегнутих а већ изгубљених могућности, у претећем човековом самопоништењу.

Полазиште књиге је садашњи тренутак, одраз нас самих, као „времена пометње" и простора „водоравног неба", света профаног и вазда истог, којег преносимо са једних на друге неоплемењеног, необремењеног. Овај вид створености, са већ ураслом клицом апокалипсе, као појединачна драма, у завршници књиге, епским замасима целина *Ойшши живош* и *Айокалийса*, критички, пародијски и сатирички интонираних, уводи се у просторе друштвене и историјске пошасти, чија је крајња консеквенца расчовечење, растанак са човековим ликом.

Но апокалипса, стални мотив Павловићевог певања, није ни казна божија ни виша сила, нити космичка олуја. Напротив, она је резултат човековог избора, његове безвољности и мирења, који у суштини представљају савез са силама ерозије, са самим злом. Када песник каже: Не дај нам мира, Боже (*Есеј о човеку*, II, стр. 23), он призива побуну као рефлекс одбране природног (интегралног) човековог бића, он позива на устанак против лажности раја у који су индивидуа и њен поредак уведени инверзијама светова, нарушеном хијерархијом основних моралних, естетичких и високохуманих принципа, без којих је свака идеја опстанка неодржива, без којих се напредак претвара у наопаку и погубну историјску шифру, „непоправљиву увреду“ сваком достојанственом прегнућу. Затворени круг слепила и деструктивности, у којем инфузије површности и испразности значе прихватање „пакла на парче“, пристанак је на живот са катастрофом, нагодба је са ништењем, као будућим ништавилом. То „средње царство“, како га песник именује у песми „Двојници“ (*Општи живот*) – између „лажне висине“ и „земаљске власти“ – нарушена је природна равнотежа човековог бића што постаје све сличније хромом божанству подземља и заумља, владару мрака, из којег је заувек ишчезла представа о другој половини, о Другом, као предуслову не само равнотеже и хармоније егзистенцијалног опстанка већ, управо тим препознавањем у светлом и светом, омогућеног учешћа у креативном надрастању профаног, промени смера „водоравности“ неба у окомиту осу духовности и човекових највиших послања.

Павловић, наиме, и овом својом књигом, као и ранијима, пева о угрожености човека из којег нестаје управо његово исконско, најпотпуније ткање, света твар која чува од пошасти и страдања, јер је потпуност и светост та која чува и та којом се гради и узвисује. У унутрашњој очуваности целине и склада, са другим у себи, остварује се она моћна претпоставка по којој космичка сићушност човекова нуди зрно отпора, памћења, опомене, савести, одговорности за себе и своја дела и свој род, онај чврсти темељац који може понети све стратусе постојања, од предака до потомака, и све „спратове божанства“. Тај призив целине, у чијим укрштеним линијама индивидуално и опште, древно и будуће, стварају корен за раст лепоте и узвишене духовности, одговор је историјском похарању и васељенском престројавању у којем човек мора сачувати своје место као достојан одговор великој космичкој равнотежи.

Антропоцентрична, Павловићева визија у исто време је реалистичка, и критичка, али и у сложеном смислу трансцендентална и метафизичка. Потпуност човековог лика као идеју спасења од индивидуалне и колективне смрти она нуди као крунску окосницу спаса духовног интегритета. Уроњена у прапочето јединство света, та визија је заоденута митско-фолклорним аспектом наше древности (тамо где је рођено и Павловићево „чудо из Лепенског Вира“) али акцентује и оне тачке хришћанске и православне духовности које интегралност човековог лика доводе под висинска огледала најснажнијих изазова етичким и стваралачким одговорностима, као што одблескују и источне мистично-онтолошке визије, које у стапању са бесконачним Једним виде могућност складног спајања индивидуе и света и разрешење драме односа унутрашњег и спољњег, бића и не-бића.

Познате стихове: *васељена није страшна / ни огромна / кад је цела* („Кантакузин, песник“) могуће је у контексту нове збирке схватити као метафизичко небо под којим се само човек, недорастао, својом не-целином, хармонији света, може распознати као оно што је страшно, као креација своје не-мудрости, „страшило истакнуто насред небеског поља" (*Есеј о човеку*, I, стр. 16), тканина из које је ишчилело повесмо, загубљена суштина. Одговоран за своју судбину и свет који ствара, он је, међутим, део целине у којој може имати своје место, ако је одраз њених уравнотежених закона, ако је способан да рашчита васељенске поруке, поруке трајања, али и непосредну стварност која га окружује – ону другост посебног реда, друго од другог.

Истина се овоземном бићу не даје одмах, за свагда и сва. Говорећи да је песма велика, певач зна да је је убог (*Есеј о човеку*, II, стр. 27). Али као што човек из *Дивног чуда* (1982), у своме ЈА САМ бива саговорник жене и рода, „повод тврд и гласан", „тачка на коју се ћутање ослања" а онај који пева „љубављу премошћује свет" – у песми „Двојници" тај ослонац постаје мала реч, „чедно изузеће", отпор довољан да оспори „превласт светских зала." Та мала реч улази у она сунчана кола којима се звуци многогласја возе кроз њихова огледала, у бескрај, тамо где присутност једног у Једном бива могућа остваривањем једног новог Ја, неокованог лажношћу и сујетама овога света, самеравањем потреба и жеља, једноставном мудрошћу – не аскезе – већ разложног, исцелитељског, препородитељског учешћа у вечним суштинама (ако је то разумно ако је чедно ако је лепо).

Тражећи начело које доводи у склад човеково постојање са његовим идеалом, стваралачку и духовну активност са законима општег па и космичког постојања, Миодраг Павловић је склон оном поимању универзума и човековог бића које синтетичком концепцијом, у дослуху супротности, види и услове за њихово превазилажење, за укидање њихових антиномија. Небо и земља, светло и тамно, не постоје као апсолути за себе, нити тело постоји ван духа, али је потребна велика обновитељска воља да врати снаге тела, тело споји са духом, дух отвори бескрају огледала, а истинско човеково једно удружи са Једним. Истина, управо у тој свеобухватности и огромности, тражи свог певача да је обзнани у њеној бити, као што тражи маленкост сваког постојања да ту бит поствари: Маленкост је милост по себи / и врста поштовања у којем се огледа / његова иност (*Песме о другом*). Мудрост спознаје је у изналажењу спона човека и природе, неба и земље, Бивства и Ничег, у благости сверазумевања. Са заметком апокалипсе у себи, човек Миодрага Павловића је истовремено и носилац властитог спаса, он створеност може преобратити у стварање, управо преиначујући истоветност општости и препознавање Другог и другости у себи. Песме о другом и поема Он су стога у овој књизи самеравање људског и божанског којим се измиче историјској причи („у којој се почетак и крај никад не слажу“) и којим се заснива зацељујућа посвећеност, јединство различитог, митско-обновитељска снага трајања, спој древности и будућности, она нада из *Хододарја* (1971) да се може сачувати облик човека.

Саздан од смена поетских форми и интонација, многозвучан и многозначан, *Есеј о човеку* је оглед који сучељава и прелама аспекте – настојање (*essai* – покушај) да се, уз реминисценције на укупну есејистичку и поетску матрицу дела Миодрага Павловића, оствари комплексан одговор на филозофске, етичке, духовне упитаности данашњице као поетски говор *par excellence* али и сведочанство о поезији као неугаслој савести века.

УШИВАЊЕ РАНЕ

Игла и конац Љубомира Симовића

Љубомир Симовић се, својим већ заокруженим песничким и драмским стваралачким здањем, представља као стваралац који је далеко од нехотичне инспирације и овлашне поетске визије. Напротив, свака његова нова збирка на нов начин дограђује основе његовог целокупног дела, које се све више исказује као грађевина постојаних идеја–окосница, на којима се темељи сложена пројекција човековог положаја у свету и свакодневних и историјских промена, пометњи, угроженог опстајања, укупности расапа индивидуалног и колективног бића – што овога песника понајвише обавезује да се окрене сумњи и оспоравању историјског хода, преиспитивању основних начела опстанка и спасења, оног егзистенцијалног прага који мора одолети налетима општих пошасти и зала, али и оном елементу апокалиптичности и уклетости који, као принцип деструкције и обележје света таме, човек носи и у самоме себи.

Великој теми историјског расапа и зла рата Љубомир Симовић се, наиме, од раних збирки, попут књиге Шлемови, до данас, окреће као поетском истраживању отпонаца рушилачког и погубности доњих светова и демонских сила, што подједнако унижавају и уништавају и освојене и освајаче, и победиоце и побеђене, који у име спасења, чак и када се о њему говори у не-религијском смислу, у име вештачких, променљивих, и на историјској сцени заменљивих (најчешће идеолошких) категорија, ипак разарају све што је неприкосновено, животно насушно и стога свето, а што као постојање по себи представља и извор и ризницу нових животних вредности.

Стога недавну или даљу прошлост (уводни циклус „Доњи град" или пак нека од потоњих песама, попут „Зиме у Србији 1809"), идеју историјске трагичности (а у њој и ослобођење од зла злом и одбрану слободе неслободом, мржњу као језик општег, па и унутарњег похарања) са најживљом конкретношћу и сликовитошћу Љубомир Симовић представља и као најснажнији непријатељски принцип, будући да се као непријатељско, у песниковом поретку, исказује све оно што је управљено против бити, животоносне честице опстанка, као и против хуманитета као најуздигнутијег вида постојања. Од јетке интонираности до гротескног вибрирања слике, узраста универзални смисао осуде сваког зла, које, покренуто човеком и усмерено против човека, твори истоветан говор, тоталан разорни систем узрока и последица, угрожености и одбране, синхронијом реалног и метафизичког плана значења, коју песме стварају својим следом или пак суптилношћу претапања у оквиру једне целине, каква је на пример песма „Георгине". Разноликим, а ипак сливеним инструментаријем, Симовић говори о поражавајућем поравнању, ништењу вредности, које, за разлику од порука циклуса „Мере и тегови" у збирци Горњи град, овде, у „Доњем граду", као царству смрти, више не налазе ослонац у могућности да се разлуче, будући да све – од сурове одбране у голој крви, било каквог поретка или идеје, па до индивидуалног инстинкта самозаштите, као новог одговора зла – постаје тек једна општа, једнака смрт, коју изражава безосећајан мерилац сумње умирања, у једној од антологијских песама збирке – „Кантарџиница".

Као што не може бити славитељ реалности у којој се идеје слободе и спаса подупиру осионошћу, обманом и лажима, суровошћу и одмаздом, уместо истинским вредносним упориштима и човековим светињама – у правичности, као опреци користољубљу, у животворној енергији и творштву као опреци деструкцији – песник етичке и хуманистичке оптике коју заступа Симовић не може бити ни химнични узноситељ голог опстанка, на разини биолошког постојања. Његова гротескна изобличења зла теже уравнотежењу, трагању за исконском мудрошћу изналажење мере, хармоније и смисла, суптилним разазнавањем дамара природног и бића природе, као разлике у сферама појаве и суштине (готово у духу древне јапанске поезије срочена песма „Вест", где сам трепет животности означава прелет од непостојања, претходног циклуса, до најаве нових значењских набоја следећих целина).

Иако своју згуснуту сликовност и метафоричност, преузету од језгровитог народног израза, штедро користи у дочаравању ванредних призора природног и животног обиља, лепоте чулног доживљаја („Јесењи предео са живином, дренком и шипурком", „Јесењи Крстовдан" и друге песме), Симовић их не подређује химничкој мистификацији, узношењу изнад граница реалности. Лепота која избија из ових призора јесте лепота природне усклађености феномена егзистенције у чијим су коренима и силе ерозије, пролазности и смрти, али као чиниоци општег природног склада и кружења као основног закона постојања. Ове песме се издвајају управо пуноћом смисла који афирмишу. Ту природну меру ствари Симовић као песник опреза, разложности и мудре дистанце, поставља не само као супротни тас пировању зла и историјске пошасти већ и сваком виду поремећене равнотеже у човеку, па и оном својеврсном потопу „без Ноја" (циклус „Крчма на Кондеру") – апсолутној предаји стихијности као новом виду затамњеног царства, превласти приземности и испразности, не-мудрости која је рашила спојеве чула и духа и стога заобишла интегралност као претпоставку вишег смисла.

Управо тај рашивени свет ратнички и истањени свет профани спајају шваље мудрости и творачког умећа, обнављајући простор митске, древне интегралности, пуноће и смисла, који изванредно сугерише песма „Вече": (...) *Рањени јунак / испушта мач и шлем, / а шваља узима / иглу и напрстак.* Игла и конац магијски су инструменти спајања светова древности и садашњости, традиције и културе, који израстају у „небеске кључеве" истинског спасења – насушног зрна опстајања – што попут оног зрна соли из Лазареве молитве (*Бој на Косову*) значи све и онда „кад нам све /однесу воде и ватре." Без тих небеских кључева химна постојању, природном збирању плода и рода, остала би једнозначна; без светлих празника духовности, спознаје њихове насушности, као обзнане светлости, немогуће је искорачење из профаног у свет остварених, потпуних, митски вечних и истински светих вредности.

Спој светог и профаног, малог и величајног, обичног и узвишеног, Симовић проналази у тачкама преламања обичајног и светог, традиције и сазнања, у мери коју доноси незадивљеност чудом али и поствареље чудесног („Зимска муња") у разрешилачкој спознаји егзистенцијалне суштине, као универзалне, божанске снаге коју добија незамењивост насушног, његова примарна интегралност, спасоносна моћ, која се одблескује, као истоветни принцип, колико у самом непосредном постојању, толико и у уздигнутим сферама мудрости и знања које управо том постојању и његовом трајању служе („Учење светога Саве").

Језик питалица и здравица, метафоричност и сликовитост народне мудрости, тон ругалице, игра гротеске, питома сликовност у чијем дну притајено чека ненадни смисао, јарке боје стварносног и трансцендентално укрштене равни светлог и тамног, обичног и узвишеног, доброг и злог, разорног и рањеног (мушког) принципа и трпељивог, исцелитељског и рађајућег (женског), богато су збирање језичких и стилских, а понајпре смисаоних преламања, што доноси пуну и златну меру песникове зрелости.

САН И ТРАГ

Песме о детињству и ратовима Миодрага Павловића

Белешка о писцу на омотници књиге песама Миодрага Павловића *Есеј о човеку* (КОВ, Вршац, 1992) срочена је на начин мање уобичајен, обојен специфичним, помало личним тоном, са нагласком на податку, али и са новим избором детаља из песникове биографије. Као да је на сувопарну издавачку нотицу пало светло из пишчеве радионице, под којим је – из позадине интимног живота – из кога се на папир књиге пренесу само цифре које означе годину рођења, завршених студија и објављених књига – просијало и нешто дубље и пресудније, оно што, заправо, удружено са самим песничким текстом, представља интегралну биографију, будући да разоткрива аутентичну матрицу коју надограђује дело.

Тако је, на пример, уз годину рођења наведено да је то година Змаја, по кинеском календару, да је писац дошао на свет кад и Виљем Блејк и Александар Блок (по старом календару), да је деда по мајци био штампар и књиговезац у Београду, посланик Српске радничке партије, да је студирао у Француској и Белгији. И нехотице, ови подаци постају потка за другачије ишчитавање пишчевог дела, у којем удео личног и биографског није увек видљив, али чије непосредно, па и загонетно зрачење ипак притајено делује. Постајемо свесни да ништа није случајно, да се укрштају хоризонти завичаја са будућим освојеним висовима сазнања, хододарја реалних и имагинарних путовања, писмо и књига, језик матерњи, књижевни, језик култура и језик универзални, знаци времена, расуто време историјско, сабрано и наднесено време митско, стваралачко и судбинско.

Тако се и у биографској белешци књиге *Песме о детињству и ратовима* помињу подаци који се нису сретали пре: основна школа на Дорћолу, професори Треће и Друге мушке гимназије у Београду, сажете линије порекла (по оцу из Мачве, по мајци из Ваљева), очева струка и године његовог ратног заробљеништва, године песниковог службовања у професији лекара, у позоришном и издавачком животу, и, напокон, путовања: од Грчке и Крита, Свете Горе и Хиландара, кроз готово читав свет. Књига пак, у целини, још потпуније открива однос према податку, који из белешке, непосредно издвојен из сфере личног живота и успомене, прераста у само поетско ткиво и добија пуну књижевну функционалност.

Поглед на властити живот, на године раног детињства и младости, разоткрива путеве које, с непоновљивом оштрином, у целокупно песничко биће уписују сплетови реалних околности колико и невидљиве нити судбине. Заокруженост дечијег света, брањена својом основном суштином и одбрањива од сваке опасности целим, сопственим складом, као и складом са заједницом којој припада, светковинама игре и маште, слободом надописивања стварносног, постављена је, међутим, насупрот одрону збиље у убрзаном ратном мењању целокупног поретка света. Под лавинама ускомешаног и поремећеног смисла стварају се нове призме сагледавања законитости постојања, у којима непосустало и упорно, под прахом расула и у процепима разорних сила, опстају још само сећања, талог искуства, мисао и опсервација, као темељци одбране и отпора. Забележени прецизним знаком (песме „27. март 1941“, „6. април 1941“, „Одвођење Јевреја 1941“, „Београд 1944“ и друге), догађаји историјске збиље из голе фактуре забележака и описа израстају, у оквиру сопствене целине, у танан, готово неприметан коментар, мисао и рефлексију, као преломну тачку иза које настаје, као одраз у огледалу, чисто поетско значење, често у духу оног метафизичког распрскавања у обзорје општег, универзалног смисла, које је присутно у сентенциозности, смисаоном сажимању или сугестивности коју носи готово свака поетска књига Миодрага Павловића у неком од својих најпрегнантнијих фрагмената.

Демистификовање властите прошлости из новог угла успоставља полазиште за песнички текст, који у садејство ставља видљиво и невидљиво, убедљивост податка и неухватљиву омаглицу атмосфере, догађај и доживљај, неотклоњиви удео историјског трагизма али и ненадмашиво гранање укупног стабла сазнања, стварносни укус искуства и неумитност судбинског са једне стране, али и слободан отклон духа, опредељења, искристалисаних суштина, са друге – што образује ону исту синхронију детаља и целине, спољне рушевности и унутарњег трајања са оном наглашеном вертикалом духа као кохеренцијом смисла и опстајања, коју знамо и из целокупног Павловићевог песничког дела, а коју, међутим, ова књига на готово сасвим нов начин исказује.

Више но у другим песничким књигама, Миодраг Павловић допушта да у основи ове збирке пулсира лично искуство, мада се оно убрзо, у концентричним круговима досегнутих значења, указује као привид личног, будући да је у исто време и опште (јер може припадати и другом сведоку истог времена, или истоврсном сведоку неке друге ратне епохе) и универзално (будући да подстиче читаве спрегове рефлексија и поливалентних песничких мотива). Уз то се као неуобичајено нов и свеж доживљава и непосредни језички смисао за освајање реалности, опис који се, изоштреношћу детаља и атмосфере, приближава прози (слика празничне трпезе, трка око Калемегдана, на пример, у мноштву других) али који је чврсто ритмички и интонацијски уграђен у мелодијску структуру песме, нудећи и нов, додатни смисао, изнедрен из описа, који би сам по себи већ носио печат остварене функционалности. Тај смисао се креће у широком распону озрачења и углова посматрања – почевши од оптике чисте и зачудне дечије свести до нарастајуће скепсе, опреза, уздржане мудрости, или пак до ироније и хуморности, или мира од свега отетог и сачуваног чуда духовног склада. Неутралност чињеница показује се, у ствари, као изванредна подлога за широк радијус значења, образовања разноврсних песничких порука и њиховог слојевитог грађења, чак и када се чини да је песма на путу да буде заокружена већ у својој сликовној и догађајној равни.

Тако, на пример, у више наврата остварена потресна артикулација мотива рата, расапа и избеглиштва, у песми „Повратак изгубљеног сина" залази у сферу сугестија много ширег смисла, оног који има „одсуство из живота" у начелу, као негативна конотација сваког егзистенцијалног изопштења. Као што минуциозно оживљавање очева портрета („Фотографије мога оца"), урања у метафизичку сету, коју управо потенцира ишчезавајућа лепота конкретног, на путу у „нежно наручје Ником". Чврста, убедљива и несавладива, реалност је гранична линија, тачка равнотеже, која не искључује искуство духа, флуидно деловање сећања, или сан, али их у исто време, непрекидно, снажно везује за њихов непосредни стварносни тлоцрт, не дозвољавајући им да измакну у поље илузије.

Напротив, свет какав нам за собом оставља време, па и сам човек, како сугеришу утоке значења ове књиге, не може имати, у огледалу ока и успомене, другачији одраз, лепоту или накнадну целовитост ако их не поседује у свом примарном постојању. „Живот није прошао, иако је сан", каже Миодраг Павловић у завршној песми „Топчидерска елегија". Тај сан је једино недотакнуто упориште и извор ненарушиве слободе, изнад реалности и њеног одраза, који остају обгрљени у „неразрешивом чвору" свог трошног земног постојања.

И једном и другом аспекту постојања Миодраг Павловић посвећује ову књигу, сведочећи, из нове перспективе, о свом времену, времену овога века, али, испевавши и једну поему непролазном – духу као невидљивој потпори трајања, и трајању којем је податак делимичан, видљив земни траг.

Дела не превазилазе човека, како би рекао Октавио Паз. „Она су *једно за* и *једно према* која увиру у конкретног човека, који, са своје стране, добија значење само у оквиру, прецизно одређене историје. „Живот који није сан“, како нам га Миодраг Павловић овом збирком разлаже, живот лични, појединачни и општи, натопљен је историјом. А где и како открити значење које није историјско, ако све оно што се сматра изразом једне епохе (*стил*, како би рекао Паз) бива прожето историјом? Али, да наведемо и продужетак ове инспиративне мисли Октавија Паза: „Ти афинитети и сродности садрже специфичне разлике. Унутар једног стиха могућно је открити оно што раздваја песму од стиховане расправе, уметничку слику од уџбеничке илустрације, комад намештаја од скулптуре. Тај елеменат распознавања је поезија. Једино нам она може указати на разлику између стваралаштва и стила, уметничког дела и справе“.

Као што човек преображавајући природу преводи материјални свет у свет дела (однос већ успостављен Павловићевим есејистичким разматрањем релације: *природни облик и лик*), поезија је та која преображава реалност, не искључујући је из њеног природног и историјског лежишта. Значење дела у свету реалности и значење поетског и уметничког свакако се разликују по дубинском карактеру, опсегу, домету и ефектима. Уметничко дело и справа, свако на свој начин и на свом нивоу, бране основну потребу заштите људског интегритета. Моћ поезије састоји се у отклонима и могућим отпорима „историјском значењу“, посебно ако се оно згусне у злоћудно чвориште, које угрожава примарно: само постојање, а потом и идеју о постојању – онај тренутак који у песми „Београд, 1944“ песник исказује стиховима: *Има тих дана када се трагедија / античка и модерна, сама од себе разграна и помножи*. Ако је песник, како га види Марина Цветајева, спој дара душе и речи, тај дар је управо садржан у самој могућности преображаја, стварања – духовним видом и енергијом – онеобиченог света у онеобиченом поретку речи. Ако је врхунац негативног историјског значења катаклизма рата, она значи двоструко неповратан корак уназад, будући да ништи и човеково дело и његову егзистенцијалност: *рат је вечна зима, завршница свих култура* („Радио“). Утолико је пре на проби дар душе (*чврсто се држати наспрам махнитих сила / поста мог понашања начело*), односно, способност да се оствари чудо неразореног јединства, постојања уроњеног у заштитничку ауру, изван историјског постојања, остварену различитим видовима спасоносног лебдења или лета, или уринућа, у различите нивое изванисторијске збиље; у прапостојање: *У мени је од рибљег створа остало забезекнуће: други живот, / или претходно стање* (песма „Изгубио сам мајку загледан у рибе“); али и надпостојање: *где нас нека велика глава воли / или надзирава* („Тек је прошла олуја“). Пресељење у праоблик, надоблик, облик и лик, самосвојност творења, од саме ствари (*Од цигала / може да се сложи сшеиеник којим се досшева сасвим на врх*) духовног чуда, измаклог погубљењу, потирању догађајношћу, као могућност спаса *за оног ко има крила / и зна у ком иравцу шреба да леши* („Море је увод у нешто што нам смета“).

Елемент распознавања, чинилац преображаја, поезија је могућност надилажења света створеног стварањем. Зрелост Павловићевог дара речи допустила му је да у овој збирци, разноврсним песничким средствима, сугерише широке и разнолике правце и могућности лета изнад света створеног, света о којем најубедљивије сведочи лична повест, неизбежно прожета историјом, коју је управо стога Павловић начинио потком ове књиге. Склапање димензија „отклона“ према непосредном историјском значењу, на свој начин говори и о првој претпоставци стварања, дакле и спаса, о дару онеобичавања и чуда, дару душе. Попут збирке *Есеј о човеку*, и збирка *Песме о дешињсшву и рашовима* постаје и својеврсна, притајена поетска расправа о односу историје и поезије, о поезији, дакле, као елементу распознавања.

ОПСТАНАК У НАДИ

Писмо Ивана В. Лалића

Доживљај при читању најновије, дванаесте, збирке песама Ивана В. Лалића сасвим је особен. Комплексност и сустицање магистралних поетских мотива и кључних тема укупног Лалићевог песничког дела у новој књизи не само што је видно већ је у исти мах и конститутивно; дотоком разноликих и дугогодишњих матица певања и њиховим настављањем, па и узношењем, у једну не само дограђенију већ и новим искуством озаренију и продубљенију форму, изграђена је књига која се, у својих четрдесет шест песничких текстова, чита као најсабранији и најесенцијалнији песнички тренутак Ивана В. Лалића. У њој је истовремено песник сав, и најбољи, а нова књига се стога чита готово као књига сабраних и антологијских песама. Њена целовитост остварује се, при том, не толико ширином у покривању мотивских поља, колико преданом и брижљивом селективношћу. Тако свака нит потке овог песничког ткива бива доведена до свог заокружења, али подједнако носи и обележја нове искуствене оплемењености – и када је реч о песниковом односу према досадашњим преокупацијама (мотиви националне прошлости, Византија, медитерански порив за освајањем хармоније и мере) али и према укупном доживљају света, и када он подразумева ван-визуелне и скривене перспективе, загонетност и дубинску снагу која историјску и индивидуалну судбину спаја у затамњеност, непредвидљивост и недокучивост универзалног; напокон, то је и однос према доживљају могућности саме поезије – истраживањем традиције колико и суптилним и ненаметљивим ерудитским уделом у разуђивању мотивских обрада, све до укрштања тог дубоког разумевања за врхунске вредности класичног у поезији са смислом за значењска померања и формална преобликовања која настају управо у сучељавању са традиционалним и уносе један нови – каткад смирени и сензуални, каткад меланхолично мелодиозни а понекад ритмичко одређенији и изломљенији – али ипак сверазумевајући и измирујући дискурс у нову Лалићеву лирику, која је тако и надопис претходних књига али и високо досезање нових песничких вредности. То је Лалић каквог читалац познаје, али у исто време и Лалић који, у најбољим остварењима књиге, стваралачки преображава, обогаћује и осавремењује свој говор, налазећи виртуозно путеве да се најесенцијалнија искуства и сазнања прожму најуниверзалнијим смислом и искују дубоко зацртаним линијама култивисане, пре него тражене форме, која се утолико више показује као самосвојна, непоновљива, у модерном смислу класична.

Лалићево осећање за националну прошлост, на пример, које читалац ранијих књига памти по доживљају оног прерано сазрелог детињства „са зарђалом иглом / Под кожом потиљка“ и искуству *бившег* дечака који трагику несталих младости види ураслу у своју зрелост (песме „Зарђала игла“ и „Опело за седам стотина из цркве у Глини“) нашло је у новој песниковој књизи, чини се, још универзалнији исказ у песми „Плава гробница“, где су песничким наслеђем пренесени у ново доба не само знаци једног историјског удеса већ „худ удес Србља“ као потврда удеса по себи једног национа. У обгрљају два песничка говора и два песничка модела (оног уздигнутог и свечаног, из прошлости, и садашњег, који га прихвата али и раствара, преношењем обичних, неузвишених одсева свакодневља и савремених привида) сажима се „пролазна радост целог једног рода“, предака и потомака, али и непролазна трагика коју истиче књижевно наслеђе „никад допеваног рата“ колико и подводни његов ток: историјско наслеђе, никад савладана повест у чијим се дубинама „Сизиф са Танталом грли“.

Прошлост и садашњост су нераскидиво обгрљене у целокупном доживљају света Ивана В. Лалића, а та прошлост и садашњост нису само историјске већ и књижевно-историјске, религијске, космичке и космогонијске споне временског круга. У сребром искованим, непролазним искупљењима за ране овога света, у вечном молитвеном вапају који тражи умира *овде* и *сада* („Шапат Јована Дамаскина") или у космичком бескрају зањиханом тактом пра-почетка, који у већ замореној машини Првог покретача мрви али и обнавља у „еонима" и „одломцима", кроз сва времена и кроз све видове постојања, Идеју постојања (маестрална песма „Море"), чија вечност, несводива на прост збир, ипак подразумева све пролазно-сти и све привиде трајности да би се могла вратити на почетак, као нову моћ опстајања и страхоту нестајања, неки су од врхунаца у исказивању ових Лалићевих визија. Прелазак из историјске у суд-бинску конотацију, исказан ванредним спрегом „ситног млива опстанка" и „воденице без воденичара" из једне од ранијих Лали-ћевих песама – антологијске „1804" – добио је у песми „Море" зна-чењску и стилску противтежу, ако не и надмашај, космичком и метафизичком визуром, у чијој је подлози такође егзистенцијални прах, настајање и нестајање које сублимише ништа друго до *жи-вотно јединство* страхотности и лепоте.

Та дубља сенка стварности, која потврђује стварност и онда када се чини да је она сама тек привид, и која „сном пуни јаву", обавијајући свет потпунијим смислом, „способност да си другачије будан", која се из песме „Похвала несаници" преноси и у неке друге а кулминира у циклусу „Десет сонета нерођеној кћери", афирмише у најновијој Лалићевој збирци у пуној мери имагинарно као вид стварности, као прошири оквир духовног и емотивног постојања, без којег би егзистенција била лишена својих дубинских контину-итета (трајања у нама, видика у нама, сна и збиље у нама), чак и када је то духовно око окренуто несагледивом. Ова раван потврђује у Лалића и смисао саме поезије, која је такође својеврстан „плод што га роди измишљено семе", плод, међутим, који обухвата својим нематеријалним месом и срж целокупног постојања. Јер тамо где и богови ћуте, оболели од свеопштег расула смисла, у том измиш-љеном семену, као и у самом писму – почетку стварања и преноше-ња знакова и смисла, као могућем потирању ужаса безгласности – почива могућност постојања у нади, као споразумевању, дописи-вању знакова вазда трајућег сапатништва и стварања.

Говор као опстанак у нади („Слово о слову") је можда и нај-адекватнији Лалићев самопоетички исказ. У његовом кључу се сви мотивски токови ове поезије, ма колико се чинили у први мах раз-нородни, могу схватити као „објективни корелатив", преношење дубоке емотивности и меланхолије коју песник надноси над свет што расапом смисла и ужасом ћутње Бога и сам бива доведен до ивице немилосног ћутања. Како значењска подлога свих мотивских токова у Лалића подразумева време прошло, време садашње и оно „што не постоји" а што је „могло да буде", она истински функ-ционише у покретању значења, буђењу и оживљавању представа у

свету који „траје јер значи" („Писмо") и афирмише знак као еле-
ментарни жиг, али и сублимну игру сагласја и смисла, пролазног и
трајног, индивидуалног и универзалног, која, попут његове „Piete",
обнавља равнотежу исконске патње и вечне самилости, колико и
веру у савршену недовршеност дела љубави и стварања, дела за
које је увек неопходан нови почетак, да би било могуће и његово
трајање.

ИЗМЕЂУ ПЕТЕЉКЕ И КОЛЕНЦА ИЛИ: УВОД У СВЕЖИВОТ

Песме 1971–1991 Борислава Радовића

Најдубљи смисао није смисао који се даје замислити.
Име, које се може изрећи није вечно име

Лаоце, VI в. пре Христа

Након збирки *Поетичности* (1956), *Остале поетичности*
(1959), потом касније објављених књига *Маина* (1964), *Братство*
по несаници (1967) и *Описи, гесла* (1970), Борислав Радовић – који у
српску поезију улази као песник изграђен на врсном познавању
европске културе као и на доследно осмишљеној поетици и пробра-
ном и рафинованом уважавању дотока из наше песничке традиције
– објављује ређе, усредсређен на нове видове оформљења својих
песничких књига. Књига *Песме 1954–1984* (Нолит, 1985), на пример,
указује на поступак ревизије и новог сачињавања избора поезије из
ранијих збирки (1954–1970), док други део ове исте књиге обухвата
поезију насталу у периоду од 1971. до 1982. године, такође већ об-
јављену у сепаратном Нолитовом издању (1983), уз додатак три но-
ве песме и измена у неким од најзначајнијих претходних песама
(„Излазак", „Кириџијска", „Варијације на класичну тему", „Газ и
појило на Лиму" и „Живот вина").

Очевидно је да песник, у познијој стваралачкој фази, на свој
целокупни песнички рад гледа као на језгро које је, како ће показа-
ти најновија књига изабраних песама уз тридесет нових, не само
повод дорада и накнадних преиначења, већ би се пре могло рећи
повод за још једно промишљање поезије, њен унутрашњи покрет и
уобличење – у оквиру исте, већ формиране крошње. То је, на неки
начин, и поглед на резултате али и нове помаке у властитој поезији,

колико и укупно *йоешичко* осмишљавање, употпуњено прилозима властитог стрпљивог и минуциозног рада – на уградњи нових мотива, али на новим студијама форме у оквиру мајсторске радионице.

Означен у критици као песник превасходно симболистичког усмерења, Борислав Радовић управо поступком организовања најновије књиге проширује и другачије наглашава своју поетичку визуру. Он, наиме, ствара ново заокружење укупне целине књиге, али и простор (без поделе на циклусе) у којем свака песма одише властитим животом; видне су нијансе у значењским преливањима истих организационих начела, које се рефлектују прелазима од једне песме на другу, али такође и различито акцентовање и међусобно укрштање сталних мотивских полазишта (из широког поља стварносног искуства, историје и културе, мита, књижевне традиције); разнолико интонацијско постављање и језичко-синтаксичка решења у игри стилских и семантичких вредности подупиру на најеминентнији начин сваки појединачни подухват али и целокупан приступ поезији – што говори да Радовићева поезија подлеже и оним наканама и захтевима модерног песништва који мењају представу о искључиво симболистичком руху овог песништва.

Понајпре, Радовићева поезија не искључује стварност, као вид најнепосреднијег искуства урбане средине или пак других различитих видова свакидашњице, дочараних сугестивном атмосфером специфичних жанр-сцена из градског живота, медитације над каквим послом, књижевним радом, сред медитеранске сијесте, из радионице старог занатоделства, са пољâ или из тихих одаја. Сликовни елеменат наглашавају и наслови песама, слични онима што потписују музејска дела или пак онима из књига о уметностима и занатима: „Студија у тамном“, „Уз летњи пут за скелу“, „Рајнска пасторала“, „Спавачица“, „Мртва природа из Абукира“, „Млада жена с књигом“. Но даљи развој песничких мотива у свакој од песама у исто време доводи у питање постојаност и коначну затвореност ових слика, будући да се у њима не завршава, односно, не обликује до краја и у потпуности носеће семантичко језгро. Оно се заправо помера, увођењем новог мотива наоко ишчезава или се другојачије изоштрава. Једном микро-организацијом или сегментом започиње се истовремено растварање првобитне просторности за назнаке нових значења, указује се специфично поимање песме као целине, чије законитости нису унапред и јасно одређене или предвидљиве, али које управо својим колебањем и додирима унутрашњих целина измичу полазној, за тренутак заустављеној слици.

Поступак градње Радовићевих песама заправо проблематизује *идеју йесничке сшварносши*, издваја је, мада не искључује, из света реалних, чулних и сазнајних, конкретних представа и сензација, да би сучељавањем ових брижљиво одабраних а често и разнородних песничких фрагмената збиље, од којих свако у наслеђе песме носи и један нови, додатни смисао – израсла нова, непосредно неисказана, *сугестија* смисла, видљива онолико колико је видљив њен појавни сасуд–облик. Средиште песме тако измиче из фактичког значења и прелази у поље транспарентног, лелујавог, неприсутног искуства, суштине дозване искованом формом. Није ли (у песми „Према старом народном обичају") *ковање*, сâм *поступак* дакле, *ишчекивање невидљивог – душе гвожђа*. Сегменти Радовићевих песама управо зарад тог ишчекивања невидљивог прерастају у обгрљавање облика, степенице у савладању међупростора који раздвајају историјске периоде, феномене културе, митова, књижевних реминисценција, чак и различите нивое стварности или наслеђа. Ковање и оплемењивање стварносног материјала формом, поступком старих и опробаних заната, тако израста у поетичку парадигму целокупног песничког поступка и као метапоетичка мисао бива присутна у већем броју најлепших Радовићевих песама.

Ниједан од облика, међутим, сам по себи није израз поетске суштине, као што она у издвојеном и пречишћеном виду не постоји ни у самој реалности, а ипак је сваки дорађени фрагмент песме и целина за себе и незамењиви део целине песме, обликован финим гестом и сугестивношћу прецизног и пуног лексичког елемента, који се, отварајући нов облик и нов смисао, често згушњава у упечатљиве синтагме, оригинална поетска скраћења као сведочанство о даљинама које превањује и здружује поезија. *Орезивање првобитног дрвета* (уводна песма „Излазак") или *отровница свеска* („Пред библиотеком") спадају у таква упечатљива поетска решења која творе књижевни знак као место премошћења обредно-митског и савременог, али истовремено зраче притајеном чежњом за тим премошћењем, чежњом која је стални подтекст Радовићеве поезије.

Разноликост и раздвојеност сучељених светова рађа међутим непредвидљивост, стално смисаоно таласање, нестатичност и неухватљивост једног, јасно одређеног смисла. Свака песма тако постаје песнички модел за себе. Специфичном грађом, увек из новог фундуса, посебном мелодијском организацијом и сугестијом, свака на свој начин учествује у стварању и растварању реалности и дочаравању нове. Почетна прецизност сугерисана сликом и пластично бојење непосредне визије уводе у другу, неухватљивију, која, тек што се указала, већ ишчезава: *рукопис* у песми „Ветар"; *зоља* у песми „Приближавање једној зољи"; готово видљиво присуство црва у телу већ поједене трешње у песми „Трешња"; напокон, готово крунски раскошна метафоричност моћи једне тренутачности, *осмеха кћери*, пред којом се повлачи „цела очевидности пред једним сведоком" у песми „Кроћење времена". Тако се већ са лакоћом прима да измаштано, магновено, измишљено, непостојеће – предмет, на пример, какав можда нигде и никад није постојао („Игла у устима") покрива у Радовића реалност целе песме. Та нова стварност, која иза себе има дуг и сложен, реални или претпостављени, уочени или замишљени претходни живот („Нож из друге руке"), конкретност, искуственост и суптилност сугерисаног – облицима посредовани и преведени у један посве нови смисао – заправо су својеврстан израз стваралачке скепсе, поглед искоса – довољан доказ сумње у једну, апсолутну, заувек досегнуту истину поезије али и трагање за могућностима готово транспарентних а ипак синтетичких решења, која ће архетипским наслагама значења објединити сегменте прошлости и садашњости, освојеног и недосегнутог, профаног и сакралног, егзистенцијалног и духовног.

Тако у песми „Гавранови над Мраковицом" из стварног пејзажа, понад борова Мраковице, гавранови полећу у *књижевно йисмо*. Описујући круг од басне, преко скандинавског мита, епске традиције, доспевају под перо песника Кнежопоље, преваљујући дуг пут, примерен њиховој дуговечности, али уједно и двострук: кроз сферу књижевне традиције исто колико и животне реалности – будући да песма покрива два тренутка у четрдесетогодишњем историјском распону, који и раздваја и спаја тренутак песниковог размишљања и догађај који му је повод. Лексичко обиље, епитетске сложенице, најразличитије фигуре које ингениозно одгуркују у позадину једнозначност означитеља а израњају богатство знака створеног у прожимању свих асоцијативности које окупља централни појам тамне злосутнице указује, међутим, да реалност песме, од почетка до краја, не покрива њена историјска референцијалност, већ сугестија посредована средствима и путевима колико и смислом – започетим и заокруженим искључиво унутар књижевног писма – постајући у исто време и својеврсна реторичка студија – обасјавање *алаша йесничке радионице*. Поступак, дакле занат, и његова средства, у властитом домену су књижевно уобличили сегмент једне, конкретне националне прошлости, неслућено отворивши простор за читав поход кроз историју различитих националних култура и поезије уопште. Тако „пилад из мастила" и „црни старци" евоцирају двоструки круг, репрезентујући две међусобно прожете реалности. Али, како је један од та два круга, онај из реалности осмишљене знаком, обухватнији, дуговечнији и животворнији од смисла посредованог историјским планом, нов хоризонт сугестије пуца из целине и дубине оба круга, надрастајући их, у очевидности нигде припремљеним, и наоко сасвим одсутним *йоешичким* планом.

Лелујави, варљиви, несигурни оквири које Радовић даје својим песмама а који сугеришу увек више од једног њеног значења („Кинески пастиш", „Лов ловећи" и друге песме) доказ су песникове стваралачке сумње у постојање не само јединственог, складно уре-

ђеног и затвореног света, већ и јединствене, једном заувек про-
нађене и свеобухватне форме. Сумња је први креативни застанак
пред тајном, први покушај изговарања тајне, позив на њено дуго-
трајно дозивање и освајање – откривањем света обликâ, васпостав-
љањем њене неухватљивости тајном самог језика – која је по себи
неисцрпна, увек нова и незаустављива, чија стваралачка лепота
измиче једном обухвату, као што никад не казује само један, *сабра-
ни смисао*. Привидна светлосна дифузност и лутања смисаоног јез-
гра Радовићеве песме у ствари само наглашавају потребу усавр-
шавања облика као промицање тајни. Том усавршавању се Радовић
одаје са маром балканског ковача и стрпљивошћу источњачког
мудраца, који знају да процес стварања увек обнавља круг и под-
разумева зрење: свакодневно делање усавршава врлину и форму,
примичући искуство великом кружном путу који описује само та-
јанство постојања, његово свеприсуство, у присутном тек наго-
вештено суштаство.

Притајена сета Радовићевог поетског сензибилитета чежња је
човека и ствараоца савременог доба да обујми искуства најразличи-
тијих извора и набоја, која носе печат слојевитог архетипа, али и да
њима испуни опсег и дубину кружног простора који повезује пра-
јединство, трагове разбијене и ишчезле хармоније цивилизацијског
доба и сан о могућностима свејединства, као нови пут ка суштини и
изазов новим формама, у непрекидном ланцу преношења искуста-
ва, знања и песничких поимања, у непрекидном дотоку живота
између йешељке и коленца на родној лози, лози суштине одржања и
одржања суштине – вештином древности, изнова стицаном, која је
тиха чуварка мудрости, оне „мисли вина" што доба смираја и зрења
преводи у простор ван смрти и гашења лозе, у нови живот суштине
и облика у свеживот – поезије.

ДУГИН СВЛАК

Оро око гротла Злате Коцић

. . .
*Ако Орфеј не би сишао у Ад
Сâм, него би послао глас*

*Свој, само глас послао у таму нему,
Сâм пред прагом као излишан
Застављи – Еуридика би по њему
Као по ужету изишла. . .*

(Марина Цветајева: *Име песника и срећних
друга...* Превод Данила Киша)

У песми Марине Цветајеве исказана је једна од најсажетијих
аутопоетика и најстрожих драма стварања, бритка, самосекла истина песништва, срођена са митом. За онога што постоји *видом гласа*,
од невидела глухоте нема дубљег Ада, и песник ће одаслати у те
адске дубине све што верује да има. Свој глас. Али, колико моћно и
издржљиво мора бити уже кад се њиме ваља успети од ништавила
до видела, на праг Постојања и Речи. Није ли то уже онда сплетено
од тела и духа гласоноше, није ли њиме упредено ново дух-тело,
потпуно и цело глас-биће, које сада сâмо одише светлошћу и разумом, као да иза њега нема онога који говори. И уистину га нема.
Али, ако је моћ говора разазнајна и многоука, морало га је бити. И
било га је.

Цветајева подсећа на тај двоструки печат судбине песника, којем, за оно што му је дато као бит и посвећење, за оно што посвећеношћу дарује, све друго мора бити одузето. Чврста равнотежа
мита стеже своје неумољиве негве, да богу дâ божије а самери човечије, да јасно одели законе светлости и таме, награде и казне, по
којима се свеопште, најдубље истине могу дотаћи речју, наткриљујућим гласом надличних спознаја, али гласом који ће морати, да би
лебдео и летео, одићи и понети сав земни талог, животно наследство свог земног творца. То је глас који постаје сâмо певање, дотицање најчистијих духовности, али управо стога мора затомити грло,
обавити га својом светло-тамном судбинском игром жртве и спасења – у – омчу.

То је тачка у којој Злата Коцић, прочитавши митско у песничкој и људској судбини Цветајеве, преузима ковање медаље са
двоструким ликом: мит је сада Цветајева, којој је он био досуђен и
њом остварен; сад постоји са утиснутим узором–опоменом њеног

имена. У песничком смислу, то је иза–зов, којем, и сасвим независно од Цветајеве, а са њом судбинским законима случаја суочена, Злата Коцић, са друге стране те митске ковине, са својих поднебља несанице, узнемирујућих визија, над вировима људске и стваралачке судбине, уписује своја сазнања и нове знакове митске симболике.

Није стога нимало случајно што се песма-посвета Цветајевој налази између оних исписаних Земљи и Духовнику, Појцу. Јер Цветајева је тај већ потврђени *глас-судбина*, који је своје земне поседе уздигао до неба песме, оштрицом те жртве и милошћу дара (песме) остварио своју целовитост, своју земно-небеску моћ. Но Злата Коцић ту судбину песничког гласа види и у њеном апсолутном флуидном супституту; из фруле земаљске, из праха земље хранитељке и чуварке трошности људске, он се претвара у сâм *глас*, дозив тајне и суштине, ону Настасијевићеву „одбеглу тајну“, радост и сету свирачеву, рођену између земље и неба, а управљену неутаживом жудњом за песмом светлости, за досегом њене општеприпадајуће, прозирне тајности, до *појања*, као гласа чисте духовности.

У том дугином луку гласа-судбине и чистога гласа Злата Коцић види премошћење оних распона које је успоставила на почетку свог певања (*Клопка за сенку*, Просвета 1982), означивши у односу *Духа творца* и *Даха бегунца* управо онај раздвојени простор људског усуда и стваралачке моћи којем одговара клатно зањихано унутар човековог бића, клатно које ништи и ствара и ништи да би стварало, а целовитошћу сна тка истине примерене пуноћи жудње и могућој пуноћи чистог гласа.

Истражујући, својом новом збирком, клупко усуда (*завештан ми претпоноћни час*), који сенком потврђује светлост а човека мером његове коначности и неслућених моћи, Коцићева платно митских симбола непрекидно разастире између „минулог и недозваног“. У тим распонима она човеков удес види потпуним а његову моћ исполинском. У исто време она га на тај начин сагледава у вишеструкој призми – у космичкој изгубљености, библијским кушњама, колико и у ововременој егзистенцијалној драми – у недаћама које са *обе стране* времена и простора продубљују *гротло*, јер га бију и хадским мраком и небеским громовима, и митским и савременим усудом, разлажући га при том ништа мање и властитом унутарњом ерозијом.

То усудно коло Злата Коцић ублажује управо прихватањем примордијалног и актуалног изазова, напуклости индивидуалне судбине и распетости човекове (*Гром погађа мој тренутак: / расцепи га...*). Иза митских чарања парки она види понајпре елементарну и савремену људску угроженост: *познаће шкрипу Пандорине резе / на капији између два тренутка*. Циклуси *Чаура-аура-ура*, *Вигањ* и *Зазвеђ* управо у светлу модерног сензибилитета одсликавају наизглед нерешив положај песника који мора да сагледа и искаже драматику чворишта којим је и сам обухваћен: *како да упртим тај завежљај, / риту нечијег покрова, / кад сам унутра*. Митски слојеви ове поезије стога су не само полазишта одређених идеја већ и видиковци, осматрачнице, одморишта, који нуде потпунији поглед, поглед који налази чвршћа упоришта тиме што се уздиже изнад рањивости и неразговетности и „устумараних векова“ самог песничког субјекта. Но то вилинско коло Злата Коцић не умањује, већ само уравнотежује, управо прихватањем свести о жртви и њеној неизбежности. Она налази смисао и одговор паганском зову земље, корена предака и биља, који хране њену *бегуницу сенку*, из прве збирке, и започињу лук што на небу дотиче уточишну љуљашку, као што и хришћански обојен смисао жртве, такође назначен првом збирком (*од рода први ожиљак / не престаје да цвета*) даље изграђује у новој књизи, разуђујући скалу светлосних преименовања напрслине–ране, дубљим разгртањем тмасте и чађне површи земног, али и новим дотицањем духа, прстима чистог звука. Она верује у могућност упоришта и спаса, у награду срушеном човековом послању, макар се тај спас огласио под куполом властитих груди, под светлошћу сузе, или под оним величајним чађавим звоном из истоименог циклуса, у којем је све: *сенка*, земна пратиља; кратковека дружица човека, и чађно, додирљиво лице недодирљивог звука звона; *омча* сенке и уже што покреће и њише *звоно*; усуд и расплитање паркине пређе; уклетост и благовест. *Дугин свлак* који из песме у песму прелази у чист звук, саткан је од усправних нити за које Коцићева налази низове нових песничких синонима, али он своју заумну снагу испија из напете тишине препуне смисла, из саме *ковнице душе (ко има уши нека кује)*.

Збирком Оро око гротла Злата Коцић остварује оно ритуално *уземљење половине неба* започето претходном песничком књигом, које и није могуће другде до у просторима духа, посве нових врела, где су „све звезде *иза*“. То ковање душе у гласницама песме, јесте онај одговор Цветајевој који стиже употпуњен, стваралачки надописан; одговор оној песнику одузетој срећи смртника: *Закаснела зрна / око исцељене бројанице. Двоструко, троструко / окраћене.* Одговор прихватања судбине гласа, који је Коцићева настојала да оснажи разапињањем људске коже библијских и космичких страдања и отварањем вулканских катаклизми митских пора, да би јој још једном истакла надземаљску снагу, надличну моћ и ванвремену духовност. Крунски стихови збирке, у циклусу *Звоно чађаво*, јесу истинска апотеоза, будући да иза ње стоје најживотније и најдраматичније етапе. Изливање звона стога је истовремено сливена слика пута и његовог врхунца, преобраћање гласа-тела у самотност али и самобитност гласа-бића, до коначног оглашавања сливености

Даха и Духа свечаним брујем узашашћа:

И тишина настаће велика,
И нек продене човек прст кроз њу,
потом кроз ушице звона
те нека га одигне.
Клупко ће хитро да се подметне
под вршак језичка
и раствори уста:
више неће зборити њима
но целим телом, као свако клатно.

Поимање песничке речи Злате Коцић подразумева реч као *пупчану врпцу* између најдраматичнијих окршаја супротности, највиталнијих сила ништења и стварања, које имају свој пуни смисао тек у новом језгру обједињења својих озлеђених и непотпуних половина. Само та реч спаја мошти земне минулости и увек нову будућност (не рајску, не непромењиву) духовног одзива. Реч, која се сме назвати песмом, бије из човековог грла у небеско, искри из једног времена у друго. Захваљујући дугином свлаку. И омчама дугиним упркос.

Злата Коцић је песник обдарен и образован, познавалац лексичког обиља, етнолошких боја и митских корена говора свог завичаја колико и општих наслага памћења и традиције песништва. Гипкост и резонантност стиха из њене ковнице заслуга су, између осталог, и дубоког разумевања песника којима се као преводилац посвећивала, а који су својим песничким говором начинили самосвојне језичке космосе. Као што то и она сама чини. Грађња песничке целине, међутим, у Злате Коцић подразумева и смисао за уклапања различитих песничких интонација и дискурса унутар књиге, од неутралног говора саопштавања до говора чарања, инкантације, дијалошке и драмске тензије, све до свечаног отварања према расплетима основних смисаоних чворишта. Све то указује да је Коцићева песник надахнућа али и концепта, трагалачког труда и изузетне концентрације – њена збирка песама може се доживети и као драма и као поема, њене нити су увек чврсто зденуте у смисао мањих целина или њихове међусобне везе.

Но, без обзира на то колико најрањивију потку своје лирике Злата Коцић заодева лирским натрухама и митским симболима, архаичним звуком своје лексике и стиховне мелодије, њена поезија није ни поезија митских цитата ни традиционалистичких обола. Елементи којима се служи само су провокативни подупирачи, калемљење додира или искре судара које отварају нове могућности поетског говора. Коцићева је пре свега песник модерног осећања раслојености времена и човекове пољуљаности у њему. Надирућој стварности голих и оштрих ивица она одговара „цртајући стоугао језиком“, вибрантно, са пуном свешћу о упориштима које тражи.

ПОЕТИКА ЦРТЕ ИЛИ: СВЕТ О КОНЦУ

Животињски свет Мирослава Максимовића

Знао сам да нисам из света који се храни животом
ни из живота који сматра да је његов свет...

Овај одломак песме „26. мај 1990“, реминисценција на „дан када сам кренуо у свет“ из Максимовићеве збирке *Животињски свет*, у много чему има значење сабирања песникових погледа, али и искуства рекапитулације, из једне нове перспективе, чије ће значење умногоме одредити карактер и бит ове песничке књиге: *Одмах сам испустио из руку оно што сам држао, / вероватно и није било богзна шта: / ево, сагињем се / тражећи (нешто) што је важно у животу – а више га нема / и не би било богзна шта, да се нађе.*

Вишеструко самосагледавање, притајено, истиха, овоме песнику никада није било страно; оно јесте једна неприметна константа, која је, међутим, у Максимовићевој поезији преобразила позицију лирског субјекта, јер је током његовог певања, у свих шест досадашњих песничких књига, учинила присутним његов *поглед* а удаљила његово ја, и управо оваквим померањем увелико преиначила усмерење наше савремене лирике. Његова песма је, наиме, од самог почетка представљала смирен али сведен лирски ток, који за полазиште има основну потребу говора изнутра (*Да ли је свима потребно, као мени, / посматралиште телесне светлости?* – збирка *Мењачи*, 1972), али и бол–непребол који однос песниковог ја и света тражи у особеном сажимању (*Болујем, а тело тражи да се будуће, / као једначина с пуно разломака, / слије у једну и једину меру*) шире и двоструко означене песничке перспективе. Поље песничке субјективности, наиме, за Максимовића је од раних књига постало не само необично податно сливању сензација, већ и необично пропустљиво према приливу удара споља. Спољашње и унутрашње пребивају под истим кровом Максимовићеве песме, реалност и њен рефлекс ту су својеврсна организациона мера, разломачка црта различитих односа („плеса потомака и будућности“, појединачног и општег, реалног и могућег), регистрованих, међутим, из перспективе у којој су песничко око и зеница понајпре –

стварност сама. *Славна стихија* из једне од новијих Максимо-
вићевих књига (*55 сонета о животним радостима и тешкоћама*,
1991) сажима снагу земље („способност да се буде тежак водоскок"
из раније збирке) и енергију која свиће из тмине као „невини сан" и,
нимало случајно, слива их у *оловку* (сонет „Сад све је прошло" који
има моћ да порекне *небивање* – јасно указујући да простор Максимо-
вићеве песме подразумева обновитељску енергију митског по-
четка, визију која на поприщту искрзаног и хаотичног живописа
тражи нову целину *праслике*, јединства детињег па и песничког сна
о свету. То јединство „сна и материје" у елементарном споју тренут-
ка, садашњости, колико и „говора предака" и мириса будућности,
померања „целог" и целином заштићеног вечног почетка стварања
из прошлости и садашњости увек унапред, из тла реалног у други,
виши квалитет, заобилазно и прећутно, каткад говором одсутних
ствари, недостајућих светова, сугерише и у нови поредак склапа
Максимовићева поезија. Негде у њеном дну стоји евокација „стра-
хотног напора" да се из не-стварности нешто замрло покрене, да се
нађе замена – у покретачком импулсу песме – уморном и истро-
шеном, одсутном фантастично-реалном захвату (веровања, отпора,
побуне, наде, обнове сна) који ће не-живот (*није тачан податак да
живим* стоји у сонету „Сад све је прошло") пренети у пуноћу *бољег
света, руже смисла*, тог, у сивилу клишеа, под светлостима неона
гајеног, али незаборавног песничког Апсолута, чији мириси, разве-
јани чиновничком свакодневицом и промајом из подеротина живот-
не основе, ипак, као добри дух тумарају скровитим, топлим закуци-
ма Максимовићеве песме, сплићући се уз сам праг његовог поет-
ског говора – праг урођен у стварност, управо као она попречна
црта / *греда* са које виси *садржај*, апострофирана збирком *Мењачи*.

Урбано растиње, међутим, наткрилило је у Максимовићевом
поетском свету природно, а живот артефакта замаглио је стаклену
чашу која слива у једно трагове даха и суза. Стога ће Максимо-
вићеви прижељкивани пуни *комади речи* што уводе у потпуност
вишедимензионалне песничке целине, јединствене руже, морати да
прелазе дуги пут свог међусобног проналажења и слагања. Као што
се у књизи сонета битни, а невидљиви, одсудни *корен* обједињује са
листом тек имагинарно, јер они бораве и дишу у одвојеним песма-
ма, да би тек у једној удаљенијој (*затворих се у дрво што расте.
Јер то могу*), одбране самог живота и његове вертикале, понорне и
продорне у исти мах, али његове моћне, освајајуће и сверазумева-
јуће ширине (*Слушах људску тајну отвореног разговора. / Видех
врх, и сазнах да дно се дотаћи мора*).

У нараслим и обезначеним сенкама сивила, црта, / „стварност
као граница", све више тоне у једноструку перспективу приземно-
сти, необичног хада *на* самој земљи. Тешки плашт свакодневице у

Сонешима већ наговештава, као једина раван, укидање митске пуноће, али истовремено активира, необично живо, подземље *корена*, свет који је у Максимовића синониман *йодземљу йесме*, простору имагинарног, најприроднијег дописивања јаве сном. То снажно чворно место преплитања светова зачетак је могућности бујања, пуноће која се противи нарастајућој бесплодности клишеа, животу--смрти. У његовим спреговима већ су насељени они лепи товари наслеђа, песништва као вечите младости света, које Максимовић преноси у својим невидљивим ковчезима цитата и варничаве асоцијативности, као нове плодне семенке значења у многим својим стиховима и у свим својим збиркама – „вукући цело складиште уметности" са собом (како вели песма „Твој отац Пушкин" из збирке *Песме*, 1978) – и малу празничну *кушију*, и *Ружу*, и *риђосш* брђанских отпора, и *врбе йреко йраґа* – као и мноштво других поетичких језгара, која се распрскавају у нови смисао чинећи, с једне стране, сам Максимовићев стих овим укрштањем необично плодним, али уједно, у једној митопоетској равни – исказујући новим поетским хибридом двоструки отпор гашењу: преносећи већ достигнуте поетске семантеме у нов говор – не-заборава, и, суделујући у бодрењу стваралачких сила, на којима мора почивати сам свет, а потом и свет речи и идеја који га чувају у памћењу и пројектују у нова сведочанства–снове.

Но већ је збирка *55 сонеша* унеколико изменила веру у моћ песничке алхемије – сливања вишедимензионалних стварности. Снага да се „у слој живота уметне слој папира" (*Мењачи*), у Максимовићев разломачки однос уводи нову реч: умирање (*умирање и, овде-онде, рима* – „Сад све је прошло", *55 сонеша*). И слутња да *никада више нећемо у ниши / корака йовезаши сшварносш* („Силазак у кафану", *Мењачи*) доведена је до свог конца, управо у „рођенданској песми", у уводном делу збирке *Живошињски свеш: зашеґла се ниш: / на њој и данас, на шанкој виолини свирам, а шобож корачам.* Магијска једначина приближавања светова, амалгами мириса, даха, боја, светлости и стакла, укидају се равном и оштром нити конца: јер *шобожњи корак* је само *шобожњи йуш* бескрају – опомиње већ сонет о Надвожњаку, из претходне Максимовићеве збирке: *За вожњу шамо-амо, он земљу са земљом сйаја. / Градски дерањ, шако је схвашио йуш до бескраја.*

Црта у поетичкој функцији, диктирана стварносним материјалом, као изазов спајању очевидног и невидљивог, приклања се неумољивом диктату, репресији голе стварности. Стога наспрам рођенданске песме, у књизи *Живошињски свеш*, једнаку важност има песма „Излазак". Читане заједно, оне су *хшење* и животни *збир*, распоређени између невидљиве повучене линије. Читана пак одвојено, песма „Излазак" одражава све одлике Максимовићеве поетике, али померене у нови рефлекс, пројектован стварношћу: у стаклу измењеног контекста реалности о којој је песник позван да сведочи, тај одраз исказује ужас немогућности да се надрасте ужас осипања потке, измицања спасоносног конопа из руку, ужас примицања крају – тако опречан хармонији коју пружа визија света уколико у темељима стварносног увек види нову могућност почетка,, митског и поетског покретачког порива да корену допише крошњу, семену омогући раст. Слагање реалног и стваралачки активног ствара имагинарну реалност *свемогућег*, вишеструку подлогу отпора *драми нестајања*. Опозитност ових могућности најбоље изражава зацелитељска сугестивност *песничке слике* са набојем митских значења с краја сонета „Учитељ енергије“, у збирци *55 сонета* (*Човека којег растргну ветрови / на прагу верна чекала је љуба / с пешкиром и бокалом рујна вина*) и суморни закључак песме „Излазак“: важно ми је да не видим / где то, у шта расте дрво! Као што већ сам почетак књиге *Животињски свет* разара евокативну моћ успостављања целине сликом, и магије исцељења, јер је целина дезорганизована бесплодним принципом разлагања, уситњавања: Исецкане, много су исецкане // тек у јеловницима се множе („Животиње“). Приземно кретање (правац *тамо-амо*) из књиге сонета такође доживљава своје негативно акцентовање новом књигом, будући да се хаотичност и лутање прецизније одређују као *регресија*. Песма „Излазак“ то значењски изоштрава парадоксом *изласка у собу*, затварањем, неучествовањем, повлачењем.

Нарастајућа стварности, наиме, основни стваралачки изазов песнику сасвим модерне вокације какав је Максимовић, својом суштином преобраћа смисао песничког захвата, заустављеног пред нарастајућом празнином, и велики пут песника трагача за језгрима, песника сањара целине, обеснажује се у слепом луку примицања крају, разлагању стварносне основе, колико и оних благотворних суза које капају с друге стране очевидности. Застрт видокругом покривача („Поњава“) извор оптике судара се са самим мраком („Мрачни мркал“), повлачећи се у мук, у таму која влада и са једне и са друге стране стварности, која гута и разломачку црту. Једина потпуност јесте владавина хада који поништава и део и целину, потирући важност и пуноснажност поетског разломка.

Тако се заправо *смисао лирике* преиспитује између корица ове књиге, корица које су и саме постале ивице разломљеног света и попут провалије означавају вапај не више за целином, сном, и песничком визијом, већ и самим *руном*, као прапочетком света и елементарном везом са животом, која претходи свакој могућности стварања. Регресију „изласка у собу“ потврђује и завршна песма књиге, „Животињски свет“, повратком на елементарни глас урлика, крика или куку–рика, као јединим преосталом сведочанству о свету раствореног дна. Између оштрих литица, песма, целовита и сладна, тек се прокраде, када је подударна тежњи стабла („Идеално дрво“) или пешевима огртача сећања који успевају да сложе љубав и чежњу, детаљ и целину, могуће и нестварно („Стара љубав“). У целини пак, збирка *Животињски свет* остаје преиспитивање песничких идеала, могућности домета песничке слике и речи, човековог сна, који не може да се одрекне исконског трагања за неухватљивим, вишим и даљим (из суптилне метафизичке слике сонета „Попео сам се у воз“), али ни жудње за кореном, за тлом, који заједно чине *животну основу* коју је овај песник на почетку стварања пожелео да „кроз сталне промене развија“. Поезија, за Максимовића *стварни податак* о садржају споља и изнутра, у најновијој песниковој књизи поставља се пред неразрешив задатак да изговори *зјап*, несагледиву провалију чије ивице више не може да обухвати идеална мера песме, јер су оба њена чиниоца, целина и део, разломљена и растрошена, јер је пукла и разломачка црта / греда са које виси садржај. Максимовићева нова књига не доводи стога у сумњу песникову досадашњу поетику, већ сваку поетику у свету који је само-оспорен, који виси о концу. Обеснажујући свој елементарни смисао, тај свет више не изазива комплексност митских визија, већ рудиментарни глас, крик, последњи траг опомене у мраку.

Читање Максимовићеве нове збирке, управо због њених најнаглашенијих тонова, чини се најпотпуније у спектру његових укупних поетичких виђења. Као што је и до сада новим књигама надограђивао претходне, сустижући на тај начин промене у пољима очевидности и своја нова искуства, Максимовић је то учинио и новом песничком збирком, на нешто другачији и особенији начин. То што су сумирања суморнија и ригиднија, није резултат песникове недоследности, већ пре исход упорног и доследног рашчитавања стварности, неумољивог сведочења, у којем песник види свој превасходни задатак и циљ.

НА ПРАГУ БУДУЋНОСТИ

Сабрана дела Артура Рембоа
Превод, предговор и белешке Никола Бертолино

Стогодишњица смрти Артура Рембоа обележена је у нас објављивањем два репрезентативна издања: публиковањем студије *Феномен Рембо* Николе Бертолина (Нолит, 1991) и обнављањем *Сабраних дела* овог песника.

Као истраживачки чин, књига *Феномен Рембо* настоји да разлучи аутентичну појаву и дело од кобног утицаја легенде, „која попут корова, који ако сувише набуја, прети да претвори плодно поље уметности у обично вашариште трикова и опсена" – како то у једном од својих текстова посвећених Рембоу вели Бертолино. Ова студија указује на спој најесенцијалнијег: на *необичности* животне судбине и *херметичности* дела, које се сплићу у јединствену појаву што је већ, са своје самосвојности и самодовољности, па и самоукидања делања и дела, срећно названа метеорском. Удес детета-генија је двострук, али отуда и његов јединствени метеорски лет и угаснуће, кохерентност и логички след и у ономе што се чини најтеже прихватљивим: у самовољном напуштању поезије, као последњем у низу бекстава „човека са ђоновима од ветра", искорачења у непознато и фаталних, „јеретичких" превазилажења међа; али и као окончање сударā плодоносног дечаштва и света који захтева одрастање, идеје видовњаштва, циља душе да се „чудовишношћу вине до нечувених и неназовљивих ствари" – са сазнањем да су тоталитет и бесконачност немогући у поретку, у Систему. „Арханђео неконформизма", кога је, по Камију, јединственим учинила управо „вулканска субверзивна снага" његовог песничког дела, жив се, како вели Маларме, ослободио од поезије, напустивши је између своје деветнаесте и двадесет друге године, одавши се луталачком животу у беспућима Африке, не нашавши више, ни до саме смрти, за поезију никакве друге речи осим: апсурдно, смешно, одвратно.

А данас, сто година након смрти песника, Рембо „фасцинира више него икада". У мору литературе ничу нови митови, али и најозбиљнија проучавања понављају већ знано: да је тајна готово неразрешива, чак и када је у питању њен најдрагоценији извор, сама поезија, стваралачка метаморфоза унутар дела и језичка енергија, које стварају енигму за себе, јер чудо креативности и свежине уздижу на ономе што не трпи тоталну субверзију – а то је језик као неминовна конвенција. У превазилажењу те конвенције, у луцидним и понекад ироничним поигравањима и раслојавањима, остају и крхотине напуштеног света, али се пре свега рађају чудеса новог, која непрекидно шире хоризонте песниковог сна.

Отуда тешки, а понекад и неразрешиви проблеми тумачења и превођења Рембоовог стиха, отуда и потреба да се са новим сазнањима, три деценије након објављивања првог издања *Сабраних дела* (у библиотеци *Метаморфозе*, под уредништвом Зорана Мишића) данас појави и ново издање, обогаћено посебно драгоценим Белешкама, Хронологијом, библиографијом оригиналних и важнијих потоњих издања Рембоових дела као и најважнијих студија о Рембоу.

Понајвише сами препеви показују да своје бављење Рембоом Бертолино није ни напуштао, да су они заправо повод сталног преиспитивања и усавршавања, те се преинаке јављају у препевима целих песама, понекад у изменама наслова или пак само појединих стихова. Понекад су измене резултат опуштеније, гипкије стиховне фразе која превазилази некадашњи преводилачки грч, понекад иду у сусрет новом духу језичких промена у нашем језику (тако ће се пародијски стихови назвати овога пута смелије: *Зезачки албум*), а понекад су нијансе у преинакама резултат решења која намеђу помна истраживања „рембалдистике" и опредељење за оно што се верује да је ближе аутентичном Рембоу, односно, што је сагласно сањеговим поетичким виђењима и циљем. Такво је, на пример, опредељење за наслов песме „Геније" (уместо ранијег наслова „Дух") из непревазиђених песама у прози, који адекватније одражава рембоовски стваралачки узлет ка прожимању „плодности духа и огромности света" и чини оправданим разлику која се уноси и заменом термина *деловања* појмом *Акције*, који снажније и убедљивије дочарава смисао који Рембо даје самом песничком деловању.

У свом предговору пак, Бертолино, анализом циклуса *Живош*, на нов начин указује на Рембоов сан о апсолутном без којег не би било ни песникове „трагичне потпуности", ни његове револуционарности, а можда ни његовог песничког „одласка". Двосмисленост и недореченост овог циклуса, по Бертолину, ипак доноси увид у основне Рембоове поетске и животне преокупације, па и у душевно стање завршне фазе његовог песничког експеримента, који, у последњој песми циклуса, најављује закорачење у неку врсту смрти („Налазим се стварно с оне стране гроба...") и пружају могућност да се, из оптике самог песника, наслуте исходи својеврсног поетског и животног биланса па и расплет Рембоове песничке судбине. По Бертолину, тај расплет показује да Рембо није могао пристати на коегзистенцију двају видова живота – живота *сшраховишог радника* каквим је себе замишљао у Писму видовитог и живота какав се остварује у оквирима „успешне и у социјалном смислу јасно дефинисане књижевне биографије". „Његова коначна одлука проистекла је из превелике моралне осетљивости коју животно искуство није стигло да ублажи", вели Бертолино. „Да није било те преосетљивости, Рембо би нас вероватно обдарио још многим изванредним делима. Али, да ње није било, његово дело не би било такво какво јесте. Рембо не би био Рембо."

Овим издањем Сабраних дела приређивач и преводилац Никола Бертолино изнова приближава Рембоа новим читалачким генерацијама, али је изнова и сам Рембо ту, како би рекао Рене Шар, као грчки песник још ненастале цивилизације.

УМНОЖЕНО ПОКРИЋЕ

Изабране песме Јехуде Амихаја
Изабрали и превели Давид Албахари, Милош Комадина,
Раша Ливада

Песнички опус Јехуде Амихаја, у нас још недовољно познатог савременог израелског писца, садржи девет песничких књига, од којих је прва објављена 1955. године. Поред тога, Амихај је аутор и збирке кратких прича и два романа, као и неколико драма. Готово све његове песничке збирке преведене су на енглески језик, а опсежнији избори из његове поезије нарочито су присутни у Енглеској и Сједињеним Америчким Државама, где је објављено десетак различитих књига његових изабраних песама. Амихај је носилац најзначајнијих израелских награда за књижевност, а убраја се међу водеће светске песнике данашњице. Поред енглеског, преведен је на каталонски, шведски, француски и немачки језик.

Заокружен и мотивски разгранат избор који су понудили приређивачи књиге *Изабране песме*, посебно настојећи да транспонују (преводом са енглеског) читак, пријемчив али и дубоко резонантан песников глас, указује на поетику занимљиве и вишестраничне оптике, али и на то да је реч о песништву јасних и чврстих опредељења и снажног стваралачког замаха.

Песнички свет Јехуде Амихаја одражава, заправо, монолитност која по самосвојности и значају не може да се лако сврста у било који од праваца или токова модерности. То је поезија која у себи сажима и своје корене и своју песничку стварност, која се разграњава токовима сопствених, унутарњих законитости пре него следом наслеђених путева и апсорбованих књижевних школа. У том смислу је Амихај самородан и непоновљив, попут великих песника XX века – Неруде, Паза, Попе који су се заправо отели токовима модернизма свог времена и сопственим делом обележили време, формулишући, уједно, својим стваралаштвом, и своју окосницу песничког модернитета.

Тај свет је потпун у оном смислу у којем само песништво може да нађе спојеве свих напрслина времена и простора, оних великих „егзистенцијалних рана“ о којима у првом реду пева Амихај. За њега је, као и за већину песника склоних суштинском, митском опходу око пупка света и самог човековог бића, цивилизацијски пут заправо само ход у двосмислену лакоћу постојања, која гута и пориче смисао, а лашти опстајање, оно које човека учи да „умре учтиво и мирно“. Па ипак, Амихај није песник бунта ни проповеди;

он је под теретом тмастих, суморних увида у нова егзистенцијална врела, која расипају и осиромашују давнашња, шуморећи самим *језиком заборављеног*; он је песник чија необична, снажна меланхолија, са пропламсајима суптилне ироније, непрекидно обнавља питања васпостављања виталних окосница света и човекове судбине. Он стога непрестано преиспитује све аспекте човековог бића, његове природне и космичке везе са језгром живота, које га ипак чине незаобилазним средиштем стварања, преносиоцем каузалности наслеђа, детерминизма природне човекове судбине, али и општег, вечног њеног смисла који се потврђује дотицањем потпуности и лепоте. У песми „Помен оцу“ слика генетског будилника који ломи тело, опомињући на своју снагу, претапа се у реплику посете гробу: *Кад дођем кући лећи ћу / руку раширених као рашиет* – досежући горњи хоризонт наслеђа човековог, његов универзални усуд.

Између два мира – митске, рађајуће утробе и пешчаних дина које прекривају човекове трагове („Две песме о миру“ и „Ни отисци наших тела“), између астралног и земног царства, које депатетизовано у новој формули мита сажето исказује песма „Зову ме“ (*Таксисии доле, / и анђели горе, / несириљиви. / Долазим доле, / долазим горе!*) пулсира живот свакидашњице који Амихај осликава меким потезима заљубљеника у детаљ, заљубљеника у чистоту погледâ који се рађају у изнова окупаном оку, спремном да у свим егзистенцијалним плохама и порама угледа оне важне, свакодневне доказе бивствовања и топлине, које човека враћају његовом одразу у другом, или другога у њему самом, као једином сувислом трагу под пешчаним динама и ветровима времена: *Узели су ми маску љубавну, / као шио узимају маску иосмрину./ Узеше је, а да нисам ни осеиио, док лежах крај иебе./ То је моје ираво лице.* („У мојим најужаснијим сновима“)

Врхунац тог сапатничког и љубавничког двојства у другом, као преданости самој суштини постојања, њеном најиспуњенијем митском заокружењу, маестрално исказује једноставна путања круга песме „У јабуци“:

Посећујеш ме у јабуци
Заједно чујемо нож
како љушии око нас, иажљиво,
да се кора не ирекине.
Говориш ми. Верујем ивом гласу
јер у њему има грудви чисиог бола
као шио у иравом меду
има грудви саћевог воска.

(. . .)

Посећујеш ме у јабуци
и осташеш са мном у јабуци
све док нож не обави своје.

Чистота потеза и затвореност два плана, конкретног и универзалног, затвореност саме ситуације која собом зрачи нове кругове значења, радикалност и економичност исказа а при том вибрантна лепота поетског, упечатљиво говоре о највишем домету Амихајеве стваралачке формуле – једноставне матрице вишеструко семантички оплођене – која управо тим својим својствима подсећа на затворена значења Попине поезије и наговештава занимљив додир ова два песничка круга.

Амихај је песник чије поетско биће резонантно одговара свим изазовима данашњице. Мотиви историје претапају се у документа о садашњем тренутку, али као у свих стваралаца који су на страни неокрњеног људског интегритета, историја по себи у Амихаја је релативизована и померена у други план благом иронијом којом се детронизују све неприкосновене вредности, које нису на страни елементарних значења на којима почива суштина човековог света. Храброст је тако противна врлини, ако значи одсуство страха, јер је страх друго лице љубави: човек се боји, јер то подразумева не само њега самог, већ и другог, он се боји да не изгуби оно што воли. Одсуство страха је за Амихаја одсуство љубави.

Један од најупечатљивијих одраза Амихајевог вредносног поретка, који топлину мајушног али свезначног егзистенцијалног упоришта претпоставља безличности историјског, јесте завршетак прозно-поетског текста „Туристи“:

„Видите ли тог човека тамо са корпама? Мало удесно од његове главе је лук из римског периода. Мало удесно од његове главе.“ „Али он се креће, он се креће!“ Кажем ја у себи! Искупљење ће доћи тек кад они кажу: „Видите ли само тај лук из римског периода? Он није важан, али близу њега, мало улево, тамо је човек који је управо купио воће и поврће за своју породицу.“

Чист след историјског за Амихаја је премештање из једног у други простор или време једне исте, угрожавајуће, осиромашујуће ситуације, која сужава круг око јединог битног простора људскости, човекове душе: *Дешињсшво је далеко./ Раш је близу. Амин.* („Оба тела два љубавника“).

Региструјући чак и неважно – собу, писмо, тржницу, исхлапела осећања и узгредне љубави – Амихај оживотворује свој кредо: да исписујући трагове, исписује сам живот, јер у његовим осцилацијама између битног и небитног, између несећања и памћења, лежи основно поље поезије: истина. Амихај је песник који жели да забележи све њене стране: *Усне су ши црвене, као шшо је сагорело шоље /*

црно. *Све је то истина.* („У јабуци“). У том смислу Амихај не омеђава свој поглед. Али из увишестручених увида он сажима суштину спознаје. То је песник који до краја осећа одговорност пред истином и пред *суштином*, пред невидљивим судом времена: *Час постаје нож / који ће се само једном употребити* („У искап“). Његова поетика стога је сажета и обухватна онолико колико то захтева мера одговорности према себи и према свету подједнако. *Моја душа је оштећена као плуча резача дијаманата. / Дивни и мучни су дани мога живота .// Моје тело је као новчаница без покрића./ Ако неко затражи злато, мораћу да умрем.* („Песме мени“).

Амихајева „новчаница без покрића“ покрива свет који плаче, и у њему самоме и у васколикој збиљи. Тиме потврђује смисао свога постојања. Његова поезија тиме постаје кореспондирање са чистим смислом патње. Амихај брани достојанство поезије у њеном чистом, ван-програмском постојању. Она не заговара, не наговара, не улепшава, не заводи, она нема украса, сјаја, музике, идеолошких прапораца. Њено достојанство, њена истина и лепота, јесу у њеној бити, људској, али и узвишеној, до божанског, у лепоти једноставног говора као еманације голе суштине. Она је у свом изразу божански корак напоредности са својом суштином: човековим болом.

*Понекад гној
понекад песма.*

*Понешто увек избије.
И увек бол.*

(../.)

*Али кроз рану на мојим грудима
Бог извирује у свет.*

*Ја сам капија
његовог стана.*

САБРАНЕ ДАЉИНЕ

Формуле путовања Томаса Транстемера
Избор и превод са шведског Моме Димића

Да значај и величину песника не одражава број написаних песама или књига, најупечатљивије сведочи опус једног од најугледнијих шведских савремених песника Томаса Транстремера (1931). У распону од тридесет пет година овај песник је објавио десет збирки поезије (последња, под насловом *За живе и мртве*, публикована је 1989); његове књиге, такође, не нуде ни опсежан низ наслова: прва збирка садржала је тек седамнаест песама. Упућени су израчунали да песнички опус Томаса Транстремера не броји више од 140 песама, дакле, светло дана угледају три песме годишње.

Ипак, реч је о ствараоцу који је веома присутан и значајан у књижевном животу своје земље, а његов углед и славу проширили су и преводи његових књига на више од тридесет језика, као и многа путовања и предавања која је одржао у свету, и, напокон, и најистакнутија књижевна признања међународног значаја – почевши од немачке награде „Петрарка" (1981), преко најважнијег шведског признања „Пилот" (1983), до Европске награде за књижевност КОВ-а (1991).

Избором који садржи више од трећине оствареног дела овог песника и који је сачинио Мома Димић, добија се пуна представа о далекосежности значаја овог необичног, мада по обиму невеликог опуса какав је Транстрамеров. У поговору уз ову књигу, приређивач и преводилац Мома Димић каже: „Транстремер је од оних ретких, непогрешивих песника. Попут Монталеа, учинио је све за читаоце: сачинио је такав пробир између ,свих могућих песама' да је тешко замислити још сведенији избор. Свака ова песма заузима чврсто место у мапи његовог песништва попут елемената у Мендељејевом систему."

Одиста, и поетика овог песника – коју ће читалац рашчитати посредством избора из бројних интервјуа, које Транстремер даје приликом својих путовања или у домовини (где је подједнако омиљен и међу књижевним критичарима колико и у читалачкој публици), и сам песнички приступ, у знаку редукционизма, када су у питању песнички мотиви, које овај стваралац нити преклапа нити понавља, најупечатљивије објашњавају слику потпуности, свежине и заокружености Транстремеровог песничког света. Изазову животног обиља Транстремер одговара безбројним путовањима кроз време и простор, узимајући ипак ова крстарења као „изванредни миље погодан за писање", односно, као позадину на којој ће изградити своје *формуле путовања* као непогрешиве и песништву својствене „осе селекције", у којима се безмерност и појединачност, непробојност конкретног и несавладивост општег, стичу у метафорички песнички израз који, за разлику од разједињујућег и отуђујућег свакидашњег језика конвенција, поетску реалност исказује приближујући удаљено, спајајући неспојиво, уздижући чулну и опипљиву реалност на ниво егземпларне посебности и дајући општостима карактер и значај универзалности.

Захват у стварност, који Транстремер сматра почетком ства-
рања, отуда је само полазиште за збирање искустава и њихово урав-
нотежење, за изналажење праве мере видљивог и невидљивог, игру
егзактних знања и фантазије, коју крунише одмерена песничка
форма, складне, готово музичке структуре, непоновљива, али до
врха испуњена поливалентним смислом, постајући тако једно од
сведочанстава што дорастају до универзалности Уметности, у низу
у којем је стваралац преносилац значења што га превазилази.
Песник је, наиме, у Транстремеровој слици света „део тајне која је
важнија од њега самог" („Игра звона"), он заобљује једино своје
дело, али оно своју функцију испуњава и другде и у другом, емани-
рајући своје поруке у свету универзалних сазнања.

Многе Транстремерове песме, или готово све, носе трагове ње-
гових најконкретнијих доживљаја или реалних путовања (Праг,
Лисабон, Шангај, Нил, Балтик, Балкан), али кобилица његовог бро-
да непрекидно засеца и неизмерну временску пучину. Његов смисао
за равнотежу тако увек подразумева два плана, два човекова лави-
ринта, и „слева и са десна", ходочашће по забораву (антологијска
песма „Балтик") или огољену, испод „премаза заборавности" освет-
љену – стварност („Галерије"). Посебна осетљивост за слику орача
у пољу Балкана („Формуле путовања") не буди само праслику
човекове коренске везаности за тле, већ раслојава видик на земљу и
небо као поља песничке коренске, вазда двојне и дополне, везано-
сти, те је „онај који бележи допола уроњен у своју слику – и путује,
истовремено кртица и орао". Зналац егзактног (старих заната коли-
ко савремене науке), али и осетљиви преносилац танане асоција-
тивности света спиритуалног (музика, сликарство), између две
реалности, Транстремер себе понајпре види као фигуру раширених
руку, распету као само раскршће. Доживљавајући људско биће као
„књигу чистог противречја", Транстремер себе ставља не само у
средиште различитих и противречних човекових путева, већ у срце
тајанствених његових унутрашњих супротности.

Схватајући поезију као *место сусретања* (из писма Пилинском
1977), а тачку где се две истине (спољашња и унутрашња) при-
ближавају као прилику да сагледамо себе (песма „Прелудији"),
Транстремер кључну функцију ових сусретања и откривања повер-
ава улози песничког језика, као начина да се доведу у везу ствари
које уобичајени језик оставља по страни, да би их уметнички језик
повезао и објединио. Он верује у просторе уметности као у могуће
брисање граница, претварање празнине у „отвореност", где увек
има места за другог. Миљеи пространства, удаљених предела,
сужавају се на тачке најважнијих егзистенцијалних и духовних
упоришта, које подразумевају визију другог као себе самог. На
древно и увек актуално питање *ко смо* Транстремер подједнако

тражи одговор у човеку као „исписаној енциклопедији која нараста
у души" колико и у разлисталој енциклопедији стварности, нала-
зећи у синтезама обе ове књиге знања и одговоре који тумарајуће,
изгубљено Ја данашњице упућују на јасне трансверзале прошлости
и будућности, на осу нејселективнијих искустава које саопштава
чист и умерен песнички знак. По узору на старонордијску поезију,
која „згушњава атмосферу казујући премало", Транстремер се
опредељује за згушњавање времена у простору рационализацијом и
оплеменошћу свог пробирљивог исказа, уздижући језик до равни
изабраних, најважнијих искустава, која говоре собом, као што
јеленов траг у снегу, у једној од његових песама, твори „језик без
иједне речи". „Прелепа школа искуства" за поезију је битна и неза-
мењљива управо зарад тренутака откровења који су мир досегнутог
и немир непознатог, она *делотворна медитација* којој Тран-
стремер тежи и која разбија успављујућу топлину сунчаног дана у
којем „Готово срећни, зуримо у сунце, смртно крварећи – из ране о
којој ништа не знамо" („Шангајске улице").

Складна и смирена, Транстремерова поезија је побуна против
кошмара и лутања, незнања многих који постају он сам, који преузи-
ма на себе да пред комадом папира и са тек неколико речи, како у
основи види песника, стане пред лице света, лице оног другог у
себи, и потражи одговоре.

ИСПУЊЕН УДЕС ТРЕШЊЕВОГ ЦВЕТА

Антологија кинеске лирике и *Песме старог Јапана*
Милоша Црњанског
Приредио и поговор написаоАлександар Петров

Метафизичка жудња за стапањем са бескрајем, али и ностал-
гична жеђ за повратком суштини, аутентичном додиру са посто-
јањем, тек наговештени Лириком Итаке, припремали су ипак, по-
четком двадесетих година, поетиком суматраизма – *нових веза,
нове вере, нове осећајности* – у париским годинама, сасвим извесно
изнутра, целокупним духовним усмерењем Милоша Црњанског, и
његово окретање култури и поезији Истока. Више од експресион-
истичког отварања космичког и више од модернистичке жудње за
откривањем егзотичног, али ипак не и без таквих подстицаја,
Црњански је у древности основних филозофских поставки али и
суптилности поетског израза лирских кругова старе Кине и Јапана

очевидно нашао себи блиска и окрепљујућа уверења да постоје светови симултаног *трајања* и *промене*, елементарних космичких сила и тананог, езотеричног одраза иницијалне тајне у свему постојећем и видљивом. То је његову жудњу за повезивањем вечног и пролазног, прастарог и новог, охрабривало да прелази пут истраживача, луталице по духовном пространству древног песништва, да се уживи у улогу одгонетача речи које граде темељне истине без сенки, где је све *поīез* и *ваздух* – као што је и његова властита песничка филозофија зрака, светлости и висина била довољно моћна да етеризам уздигне у живу естетичку реалност његове поетике духа и чула, али и у спиритуалност и сензуалност његове поезије и прозе.

„(...) ван ваздуха мисли нема" – каже Црњански у поговору својој *Антолоīији кинеске лирике*, и јасно је да при томе мисли на ваздух као невидљиви принцип тајанства, али и као извор кретања, промене, *духовности* која се спаја са прозрачним миром свемира. „Годинама сам носио, а да сам их икад заборављао у духу, те тичице у снегу и расцветане гране, насликане непосредно у видик. Из небројених, смешних, нетачних превода почео сам полако, тачно, да слутим гребене тих непомичних планина, над којима је тишина", каже Црњански у пропратном слову, сасвим јасно раздвајајући древне принципе и сугеришући мекоту и пространство зрачне тишине, вечне, као у песми Пеи-Ло-Тиена (772–846), који каже: *Што је неīомично, то је тврда земља. Што је неизмерно, то је високо небо.* Али, у том „ваздуху мисли" је и ослобађање, оно – *ја више нисам ничији* – из текста *Finistère* који је Црњански написао 1921, што овом приликом чини јаснијом његову наклоност за лутајуће песнике које је, пратећи им трагове у песничкој историји Јапана, заволео због њихове *спремности на растанке и самоћу, путовања без извесноī циља*, која су, ипак, увек одражавала жељу да се буде ближе небу, неизмерности и врху духа. Уводећи у читање своје књиге *Песме староī Јапана*, он управо стога каже: „То је лирика импресија, забележена тако брзо и непосредно да ни медитација не може да се утисне. Слог, слово, није само знак, идеограм, него и слика, а главна брига је дати видик, даљину небеса".

Црњански је у свом езотеричном склапању нових веза и додира, који су морали значити и делимично одрицање од оних других, видљивијих, заувек освојио благост са којом се пригрљује све што постоји, а да се при томе ништа не присваја, разумевајући тако и архаичну кинеску мисао и благу, самилосну јапанску филозофију коју је ишчитавао из стихова који „хвале, милују, грле природу", али и ону дубљу будистичку бол са радошћу пролазности, која је постала метафизички извор и ослонац његовог трајног песничког варирања једног истог осећања, бола од самог постојања, и истовремене жудње за дотицањем благе, умирујуће, вечне светлости апсолута. Подједнако је, чини се, Црњански уживао у класичном периоду јапанске поезије, где је њена мисао и импресија захтевала нешто дужи израз, али танан, као изаткан на свили – нема погоднијег примера но што су то сливени стихови у *Песми Царице*, из V века, изванредно преведени – колико и у нежном стиху *хаикаи* облика, који је, по њему, „једна непрекидна реченица, кратка као уздах".

А таоистички круг, који из мира води у постајање а из свршетка у нови *мир*, из непомичности у промене а из промена у склад, утиснуо је и сâм, у *Стражилову*, у енигматску затвореност и пуноћу трешњиног плода и скривеност његових унутрашњих мена, али и у уздигнуту, лебдећу свест о променама изнад њеног стабла: оних које цвет преобраћају у плод, а плод застиру новим погледом на воћке што цветају и после вечног мира, јер је у том миру почетак новог, будућег, оног што ће доћи после. То је онај исти лук, још у *Суматри* извијен између ледних висова и коралних дубина, од снега (цвета) до трешње (плода), у игри стапања и растапања, која у Црњанског поетски реминисцентно обнавља космогонијске принципе сливене у Север и тачку почетка; подсећајући на њих, у предговору за *Песме старог Јапана*, реченицом која синтетизује ову општу полазну мисао и кинеске и јапанске старе лирике, Црњански је интонира са снагом властитог уверења: *Зима. Север је извор животних снага; ма да је вода мртва под ледом, ипак је снага зиме у води.*

У *Писмима из Париза*, из времена када Црњански понајвише изучава јапански стих, његова поетика се утврђује из једне нове перспективе која, у суштини, као да и њему самом, на извору једне друге, далеке културе, показује колико је суматраизам могућ и стваран. „Сад кад знам да је све у вези", каже Црњански, без потребе да тумачи и разрађује своју основну, полазну мисао, задовољавајући се тиме да је стави у средиште танане рефлексије, која јој је можда и најпримеренији израз. А Црњански га бележи као да исцртава идеограм, благим потезима и прозрачном мекотом туша: „Цео мој живот био је везан за лишће, за гране, које су ми давале мисли, и модре воде, од којих је зависило колико где остајем и све што се око мене збило (. . .) Испуњавам оно што јутарња небеса, кад су воде тако хладне, хоће да се збуде. Не сећам се живих бића, ништа ми не могу, остављам их, и пролазим кроз ове мрачне градиће тако да ми ни њина имена не остају на души. Свуд стојим загледан у небо, и провлачим руком по ваздуху и милујем га, милујем га". (*Finistère*). Промена унутар трешњиног плода и тајанство те промене, сетни круг којим је овенчана али и мир понад ње, такође су зрачни отисак пригрљеног мисаоног круга који је понајбоље исказан кинеским стиховима из Књиге о Смислу и Врлини:

Испунити свој удес знати:
трајати кроз сва времена.
Умрети, а пролазности избећи: то је
Вечност.

Благородан је зато мир којим зрачи биће које испуњава свој удес. Потпуна је стога тајна и ненарушена је пуноћа трешње. И дух који кружи је тај који је Црњанском најзначајнији, било да је ухваћен у ситушности трена и плода, или у великим захватима какве је сам предузео, са узбуђењем и радошћу откривања, приређујући, први у нас, ове збирке, хитајући, чак, да покаже „прастаре слике, мисли, утицаје и везе духа" као драгоцено струјање древности у савременост. У знаку европског модернистичког отварања другим световима, свакако, али и са дубљим, властитим песничким уверењем да се тим струјањем раскриљују врата народâ, за најкреативније и највиталније кружење песничких вредности, као за саму Песму промена, на путу ка једној од њених вечности.

„С ПОЛА СНА У ОКУ"

Сабране песме Милана Ћурчина
Приредио и предговор написао Васа Павковић

Књига сабраних песама Милана Ћурчина спада у оне ретке културне догађаје који не представљају само дуг историјском тренутку већ у осветљавању књижевне традиције носе и чин откривалачког. Иако је за многе истраживаче, антологичаре и проучаваоце наше књижевне прошлости, у овом случају „златног доба" нашег песништва прве деценије века, необична појава песника Милана Ћурчина била тумачена на основу онога што је поред његове плодне делатности публицисте, преводиоца, германисте, нудила само једна његова у јавности присутна публикована збирка (издање Цвијановића, 1906), најмаркантније црте овог невеликог песничког опуса, и поред контроверзних оцена савременика, сврставају га у неоспорне доприносе креативном преобликовању српске грађанске културе с почетка века и оном њеном преформулисању које је значило одлучујући импулс модернистичком усмерењу и најави нових, авангардних тежњи.

Оспораван али и уважаван, међу оштрим ивицама раздвојених тежњи за очувањем традиционалног и стварањем новог, подстакнут оценама Скерлића, Матоша и Богдана Поповића, али и обесхрабриван негативним одјецима које су изазивали његова поетика и његово дело, Ђурчин је у овим спољашњим, временом условљеним контроверзама, био још изричитије суочен са властитим, које су га подједнако снажно усмеравале на афирмисање *духа промена*, новог сензибилитета и нових ритмова, колико су побуђивале и необичну, парадоксалну тежњу за затварањем пута и могућности ширег упознавања његовог дела, па можда и каснију његову дефинитивну опредељеност за песничку ћутњу. Тако је од јавности остала готово скривена његова друга збирка поезије, библиофилско издање раздељено само пријатељима, те је несумњива заслуга приређивача *Сабраних песама* – Васе Павковића – што је, не поуздајући се до краја у књижевне библиографије и следећи тек један траг (податак у *Лексикону писаца Југославије*, у издању Матице српске), напокон, у библиотеци Семинара за југословенску књижевност, Филолошког факултета у Београду, открио један примерак свеске стихова која, под називом *Друге песме*, обухвата песникове радове настале у распону од 1907. до 1910. године. Истрајност приређивача уродила је вишеструким плодом; употпунивши један значајан библиографски податак, она је омогућила и да се најрелевантније оцене о песничкој појави Милана Ђурчина темељније и поузданије заснују и провере овим потпунијим увидом у његово песничко стваралаштво, распон мотивских и стилских опредељења и решења, али, и осветљење неких појединачних песама које би остале непознате, указало је на остварења која стоје у истој равни са најуспелијим песмама претходне збирке – што свакако у широким размерама компензира трагалачки труд. Тако истовремено, уз ране песме, као и оне најпозније, и уз руковет оних које нису обухваћене целином збирке, слика о песничкој заоставштини Милана Ђурчина, са предговором и потребним коментарима, бива склопљена на потпун и достојан начин.

Ова укупна песничка грађа, као поетика и као остварење, сведочи о непосредном стваралачком инаугурисању света нове, ослобођене субјективности, *страсти* као основног опредељења лирике, неспутаног и, како песник вели, „искреног", непатвореног исказивања емоција, које, у форми лишеној схематизма, овешталог римарија и углађеног парнасовског наслеђа, оцртавају – слободним стихом, прозаизмима, иронијом, пародичним и аутоиронијским померањима и новим ритмовима – један битно другачији однос према основним аспектима човекове егзистенције, његовог емотивног и духовног бића, али и његових креативних тежњи. Заправо, све оно што је једног од најугледнијих књижевних аналитичара новијег српског песништва Драгишу Витошевића нагнало да закључи: „Ако је Дучићева збирка из 1901. у знаку ,прелаза', Ракићева из 1903. у знаку ,заокрета', Ђурчинова из 1906. у знаку је ,раскида'. Она дрско одбацује уобичајене ,светиње' и књижевне

норме (посебно, везани стих) делујући као најбунтовнија и најиза-
зовнија књига српске модерне.“

Но док је један ток Ђурчинове поезије (особито у првој књизи)
одиста разарао грађанско поимање љубави, морала и конвенцијом
устоличених светиња, ослобађајући простор за нескривене дамаре
еротског, духовну радозналост и жудње човека новог времена, то-
лико је једна од основних димензија Ђурчиновог виђења човекове и
песничке егзистенције у судбини вечите неостварености и не-
усклађености сна и стварности, исказана у ненаглашеној, тек овлаш
исцртаној неравнотежи између најинтимнијег бића и свеколиког
света, у једној подједнако спутавајућој и ослобађајућој позицији
осаме као права, али и издвојености као усуда, која је овом песнику
доносила и прве налете стваралачких сумњи, неспокојства и
самоиронијског повлачења. О укупном замаху и трансформацији
стваралачког духа пак сведочи текст који има карактер песничког
манифеста („О мојим песмама“) али и аутопоетичка виђења у
песми „Пустите ме како ја хоћу“ или другима, говорећи у прилог
остварењу песничког простора новим садржајима и новом изразу.
Но и у једној и у другој збирци, најупечатљивија песничка оствар-
ења, чак и кад су у овом невеликом опусу сведена на појединачан,
репрезентативан пример појединих усмерења, постају и најбољи
доказ необичних распона мотивских и стилских опредељења, ин-
тонација и ритмичке структуре Ђурчинове поезије.

Од наговештаја симболистичког пејзажа („С дрвећем“) и рази-
граног домишљатог сликовног потеза („Карневал у шуми“) Ђурчин
се сигурно упућује ка зрелој, усаглашености сугестивних слика
унутарњих и спољних визија, *слутњи нестанка* и наговештаја реал-
ног ишчезавања једног другог предела, у изванредној песми „Под
јелама што се суше“. Од одређивања саме поезије као судбине („Не-
звана песма“) и проналажења, у поезији, јединог могућег исходишта
за неразрешене сплетове узнемирујуће интиме (*И тек у ове нару-
жене песме / Понешто мећем од свег што ме боли* – „Исповест“),
Ђурчин се упућује ка формулисању у бити сасвим модерног дуализ-
ма човекове природе, комплексности његовог доживљаја не-ост-
варености који тражи напоредност две реалности, сна и збиље,
будући да су обе неухватљиве, до краја неосвојиве (*Светови цели за
мене не постоје: / Не смем да руком у пун живот хватим...* – „Срећ-
на љубав“) и да тек тајанствени вид наслућења, полусна, открива
дубине спознаја („... с пола сна у оку / Под јелама што се суше“).

Неуравнотеженост бића и света, немир и сета, у Ђурчина,
међутим, не тону у патетичност и безнадежност. Постојање, са свим
контрапунктом односа светлог и тамног, живота и смрти, јесте –
неминовност која је за овог песника *природност* опстајања; об-
грљујућа величина света јесте природност положаја јединке, силина

велике, свеопште пролазности јесте неминовност пролазности незнатног, сићушног постојања. Слојевити доживљај те судбине, опште и индивидуалне, маестрално исказује антологијски врхунац друге Ђурчинове збирке, песма „Без љубави“, саткана на чистој и чврстој структури, која истовремено означава мир и немир, јер унутар њене беспрекорне организације и поделе строфа (попут три уздаха) и њихове условне правилности, све друго је игра, немир, померање темпоралног, хомонимска двосмисленост, извесност померена у неухватљиво лебдење. Та непосредност и напатвореност у основном доживљају индивидуе и света, субјективног времена и ванличних закона постојања, налази одјек у лежерности, готово нехајној природности Ђурчиновог лирског дискурса, јер је он, као и само индивидуално и опште постојање које изражава, ван сваког апсолутизовања, тек једна могућност опсервације, самосагледавања, исказивања.

Ђурчин се у својој поезији није уздигао до спиритуалне лепоте Дучићевог позног симболичког израза, нити до високог, напрегнутог лука Ракићеве рефлексивности и сензибилности. Његова поезија није прожета ни великим сновидним призорима, ни импулсима снажне имагинације. Али је, са лежерношћу и природношћу једног новог песничког говора, исказала основну па и духовно примарну ситуацију модерног човека, чију је располућеност између спонтаности и спутаности, полета и сумње, у свом затвореном свету, песник најнепосредније и најсудбоносније искусио.

Ђурчинова поезија не одаје ни преданост језичком истраживању, ни склоност ка прејаком експерименту. Али смисао за ослобођени ритам, структуру његових најбољих песама, окретање ка новим расположењима који симболистички трепет воде живом и непосредном чулном доживљају, отвореној духовној и чулној радозналости урбаног човека, његово изразито противљење *кретању без промена* („Сонети без схеме“) али и поколебаност, бекство у затамњену интиму и њено двосмислено интонирање које ипак избегава мистичку ирационалност – све то потврђује једну у основи нову филозофију живљења и стварања, која у ослобођеном праву на дуализам, апартност, побуну и промену, најављује ону стваралачку самосвојност и витализам које ће још силовитије посведочити авангарда.

Сабране песме у издању песниковог завичаја (Панчево) продуктивни су и изазован спој омажа и потпунијег (дакле и новог) осветљавања оног простора поетике и стварања овог песника који га недвосмислено сврставају у аутентичне носиоце промена, а његовим најбољим остварењима и међу прве ствараоце наше модерне поезије.

ПРАХ И СЈАЈ

Изабране песме Бранка Миљковића
Приредио и предговор написао Мирослав Максимовић

Назван је принцем песника, најзанимљивијом појавом у српској поезији шездесетих година. Од 1955, када је у часопису „Дело" објављен циклус „Узалуд је будим", једна посве нова песничка индивидуалност ступила је на сцену модерне српске поезије, где је, уз делотворност песничких речи Попе и Миодрага Павловића, положила свој плодоносни темељац.

После преране, трагичне и неразјашњене смрти, 1961, остале су значајне и незаобилазне Миљковићеве збирке: *Узалуд је будим*, *Ватра и ништа*, *Порекло наде*, али и препеви који откривају наклоност ка руском и француском симболизму и доводе до прага надреализма (Брјусов, Бели, Пастернак, Блок, Мајаковски, Мандељштам; Маларме, Рембо, Верлен, Елијар), као и есеји од којих „Поезија и истина", „Поезија и онтологија", „Поезија и облик", „Биће и певање", указују на критичко размишљање о поезији и свету, на свест о поезији окренутој суштинама. Од понирања у праоблик, говор са дна постојања, уграбљен евокацијама и пламом креативне ватре колико и „ударима срца", уроњен у додире бића и речи, разгранат у распону од митске основе мишљења до надстварности чисте свести, Миљковићев поетски подухват води, на плану песничког израза, од праслојева говора до преиспитивања евокативне и концептуалне моћи језика.

Досадашњи избори, који су уследили након *Сабраних дела* из 1972, наглашавају лепоту и заокруженост целина „Трагичних сонета", „Ариљског анђела" и „Утве златокриле", али и усклађеност бриге (у прве две књиге) за суштину и форму, на метафизичком фону прошлог и будућег, споју умног и чулног, митског гласа српске древности али и орфичког дуга песми, у тражењу космичког одблеска миљковићевске онтичке „празнине" као предзнака бити, али и песме као својеврсне песничке космогоније. Недодирљиву вредност ових целина поштује и избор песника Мирослава Максимовића. Али тамо где Орфејева песма престаје да буде песма о њему и његовим осећањима (субјективитету) и постаје певање о стварима, где је песник „излишан", почиње и занимљиво акцентовање у Максимовићевом избору, као пројекција не само оне Миљковићеве тезе да се све може опевати већ и уверење да је пут до песме својеврсна објективизација и својеврсно „отуђење", уверење које почива, међутим, на посебном унутрашњем парадоксу којим се и реч и стварност песничким чином непрекидно доводе у сумњу.

Миљковићев став да је песма „узвишен напор да се изађе из себе", да се оствари надлична, објективна поезија, у којој се заправо осамостаљује говор поезије, Максимовић подвлачи уводећи испред песама „Лауда", „Балада" и „Море пре него усним", с краја збирке Ватра и ништа, прозни фрагмент „Песничка соба". Он започиње речима: „Ту је све проговорило. Ево предели се претварају у своја властита стања..." У светлу овог читања нову димензију добијају познати стихови из песме „Море пре него усним": „лажно је сунце, истинита је његова путања", истичући одважност песничког понирања не више само у метафизичко већ и у конкретно, следећи задатак да се, не преносећи бреме предметности, ипак дотакне и песмом преломи непосредно постојање, двоструки титрај: „бићеш леп од прашине, спознаћеш прах и сјај". Ова линија читања објашњава и зашто, на пример, песма „Ноћ јача од света" из циклуса „Патетика ватре", која се може сматрати комплементарном песми „Море пре него усним", није нашла место у Максимовићевом избору. Њена космичка отвореност једноставно не припада одабраном кључу који приређивач сугерише као увод у читање књиге Порекло наде, из које одабира знатан број Миљковићевих песама.

Штавише, могло би се рећи да посебно место и тежину у Максимовићевом избору из поезије Бранка Миљковића има управо селекција песама из књиге Порекло наде. Тамо где су критичари видели пад у великом замаху изградње једног целовитог филозофско-поетичког система Миљковићевог, или са уздржаношћу примали опорост и ироничност његовог преиспитивања поетског задатка и циља, а неки пак само слутили „скелу" за будућу песничку грађњу, Максимовић преузима задатак да укаже на језгро преобликованог, али у суштини истог дијалектичког трагања за новом формом (а њом је, по Миљковићу, конституисана идеја) која у првом реду подразумева нов однос – дистанцу. Врхунски ступањ поетског самоостварења је за Миљковића „објективно-онтолошки". То је песма „која се ослободила свога песника" и која објективно постоји независно од њега. Но таква поезија мора прихватити и нову методологију, нова песничка средства, у првом реду поглед који је свеобухватан, што подразумева да је усредсређен и на саму раван реалности поезије („Стварност не поседује онај ко је привидно поседује, већ онај који је остварује") и њен двоструки кôд: поезија наставља у правцу „простирања реалности", али у свом затвореном поретку започиње самоостварење изнутра, она саму себе ствара, исказујући простирање реалности објективизацијом свог говора, сажимањем *стварности* и *знака*.

У промени Миљковићевог песничког мишљења у питању није, како истиче Максимовић, негирање једног односа, већ стварање новог. У том заметку новог песничког језгра, које је тек требало изграђивати, отвореног за све истине, за критику и проветравање поезије, и што је најважније – за живот песме, паралелан самом животу – како то програмски исказују мотиви Миљковићевих песама – Максимовић налази разлога да нам свој избор понуди као песме „изнова сложене", у визури која Миљковића приближује поетици модерног стварања. Раслојавање стварности и њена нова визија као основна тежња савремених прозних и поетских токова садржани су и у Миљковићевом отпору „очигледној стварности", у његовом настојању да се реч и стварност, субјекат и спољашњи свет стварањем повежу у дубљу пројекцију стварности, поезију која „не носи своју истину у себи", којој се „њена истинитост догађа". Управо са тих разлога књига Порекло наде и особито циклус „Критика поезије" добијају значај модерног песничког програма, који у светлу данашњице потврђује Миљковићев дубоки ствара-лачки инстинкт и далекосежну визију стварања.

ПОЕТСКА УПОРИШТА ВОКАЦИЈЕ

Песме и препеви Данила Киша
Песме, Мађарска рапсодија, Руска руковет, French Cancan
ПриредиоПредраг Чудић

Књига *Песме и препеви* доноси досад најпотпунији, мада не и сасвим нов поглед на бављење поезијом Данила Киша. Већ су и досад публиковани преводи посведочили разуђену откривалачку жудњу и стваралачки нерв овог писца који се са пуном одговор-ношћу окретао проблемима форме и језика, не само у властитом делу, већ и на плану превођења стиха. А управо су стихови (песма „На вест о смрти госпође М. Т." – објављена у „Политици", 12. августа 1989) били последњи редови које је Киш за живота објавио.

Деветнаест песама у овом избору (од којих је до сада било објављено девет) допуњују податак који је Киш изрекао о себи: „... ја сам се целог живота спремао да будем песник. И завршило се тако да сам постао свестан да ствари које имам да кажем, које ме муче, боље кажем у прози" (*Горки талог искуства*, 1990, стр. 179). Показује се, наиме, да је песништвом обгрљено, па и прожето, цело Кишово остварење. Од прве објављене песме (1953) до последње, поменуте – у распону од читавих тридесет шест година – кроз његову поезију видљиво су пулсирале поетичке замисли и назнаке праваца у решавању за Киша доминантних стваралачких проблема, присутни су замеци па и скице мотивских поставки или магистралних тема које ће се реализовати у прозном делу.

Тако ране песме („Опроштај с мајком", „Сватови") не само што евоцирају блиске ликове већ иницирају и атмосферу лирског реализма у Кишовој прози, која не мимоилази биографско, као најсведенију, али и најнепосредније окушану стварносну подлогу литаратуре, на којој ће се градити „паралелни живот" и самосвојно књижевно значење. „Биографски редукционизам" примењен у обликовању повести о Едуарду Саму, а касније Борису Давидовичу, брилљантно је афирмисан песмом „Биографија" (1955), уводећи, особито завршним стиховима, иронично-романтизираним („Вјетар му је развијао пепео кроз витки димњак / крематоријума, високо, високо... / све до дуге"), дистанцирајући противосећајност, факат, који води у велику тему губилишта, обједињујући непоновљивост индивидуалне судбине и њену значењску ширину.

Голи след података у овој песми упућује на поверење које ће се убудуће указивати чињеници и њеној двострукој (означавајућој и евокативној) моћи, као и снази организационог сажимања („открити испод малог броја речи неизмерну и скривену реалност", *Горки талог искуства*, стр. 239), чије слојеве, попут наслага бивших и могућих живота, тим проседеом може открити набрајање одбачених предмета и садржај канте за ђубре (песма „Ђубриште", 1966), који самим собом казују причу. Као што песма „Анатомија мириса" (1962) рашчињава свет цветова на њихову есенцијалност, на тајна својства изнуђена техником, делујући истовремено и као сегмент praxisa колико и егземпларним указивањем на моћ технике у спектру значења од индустрије мириса, поетике, или пак „инжењерства душа" које у песми спаја различитости у дотле непостојећи квалитет, али истовремено сугерише нови смисао везан за „признање цветова". Као што песма „Ружа: *Saint Exupéry*" (1966) може бити прочитана као својеврсна Енциклопедија Руже, која неочекиваним спојевима поетских значења сугерише могућности које пружа регистар осета, сазнања, муњевитих спојева асоцијација и непосредног искуства, својеврсна *ars poetica* о претапању стварног и имагинарног које ће у „Мртвој природи са рибом" донети не само „рентгенски снимак" предмета и њихово дубинско осветљење, већ и проблем двојне перспективе („собе-двојника" у огледалу) што ће прерасти у двојни профил непостојећег огледала на уводним страницама *Пешчаника* (1973).

Нови поглед на огромне могућности распона стваралачког регистра доноси први део недовршене поеме „Песник револуције на председничком броду", са снажним сатиричким набојем и бравурозним језичким решењима прожетим винаверовским духом. Избор песама се, међутим, затвара песмом „На вест о смрти госпође М. Т.", дајући завршни печат оном уздигнутом метафизичком сагледвању односа личног и универзалног који подразумева управо у литератури нужну, и по Кишу иманентну, *свест о смрти*.

Строгост, пробирљивост и рафинованост коју је показивао према свему што је у литератури сматрао блиским и својим, Киш исказује и у свом преводилачком раду, који прати читав његов стваралачки век и покрива три језичке и књижевне сфере: мађарску, руску и француску. Та истоветност односа проистиче из уважавања интегритета песничке речи и онда када се она нађе пред преводиочевом паском. Отуда подједнака одговорност у превођењу класика (Корнеј, овде публикован у Кишовом преводу први пут, али и Ронсар, Готје, Петефи, Ади) али и модерне димензије лиричности (Радноти, Пилински, Јухас, Гумиљов, Мандељштам, Ахматова, Бодлер, Маларме), све до новијег песништва: Бродског, или увођења у наше просторе поезије Ђерђа Петрија. Желећи да песму коју воли „учини својом", Киш је превођење усвојио као стварање, уз пуно учешће опрезног, промишљеног али и страственог трагалачког односа према песничкој речи, њеним дубинама и музичким својствима. Преводи Верленовог стиха или пак стиха Цветајеве, непревазиђене су лепоте.

Можда, као поткрепа овом односу, недостају чувени преводи *Стилских вежби* Рејмона Кеноа (који, са интегралним издањем *Бордела муза* готово призивају нови том превода), но стога су ту препеви са француског десет дечјих песама, као и Аполинерових „Песама о животињама или Орфејеве свите".

Ма колико да је био уверен да је превођењем само учио о поезији, својим препевима Данило Киш јој је предавао све распоне свог стваралачког бића. Ерудиција, дисциплина, радозналост и темперамент уродили су мајсторством које значи, понајпре, ферментацију укупног књижевног става и искуства.

Схватајући писање као хуманистичку акцију, жељу да се животом–делом учествује у свету идеја и осмисли достојност сопственог постојања, Киш није изоставио, како ова књига казује, поетску реч, ни своју, нити пак оних у чијем је свету идеја, језика и стила волео да борави, учинивши га, преводилачком уметношћу, својим, и завештавајући га, и посредством овог издања, као највиши домет писане речи на нашем језику, у нашој култури.

АЛХЕМИЈА ПЕСНИЧКОГ ЈЕЗИКА

Песме Васка Попе
Приредила Светлана Велмар–Јанковић

Не тако давни датум – 5. јануар 1991. године – остаће трајно забележен као тренутак када је један од наших највећих песника неопозиво закорачио у књижевну историју. Опус је затворен, *закључан*; али он не престаје да изазива истраживаче својом заокруженом тајновитошћу. Због тога је приређивач књиге изабраних песама Васка Попе, Светлана Велмар–Јанковић, у праву када у самом уводу своје пропратне студије каже: „Од како се појавила, пре више од четири деценије, поезија Васка Попе не престаје да се обнавља."

Својим тумачима, а они су многобројни, почевши од незаобилазног Зорана Мишића, преко Миодрага Павловића, Ивана В. Лалића, Мухарема Первића, до Чарлса Симића, Ђорђија Вуковића или Михаила Пантића, ова поезија подједнако нуди оно што је видљиво и оно што је невидљиво – од вида склоњено – тако да одиста расте њена тајна и дубина, зарад које истраживачи морају исписивати кругове свог *урањања*, као покушај примицања тајни.

Том изазову је, и као приређивач и као тумач, Светлана Велмар–Јанковић одговорила у првом реду као најдубљи поштовалац, скрупулозни представљач Попина дела, а потом и као истраживач који свој трагалачки порив усклађује понајпре са уважавањем најдубљих законитости устројства Попиног опуса – у којем ништа није случајно.

Стога је избор у овој књизи сачињен према Нолитовом издању (*Песме*, 1988), које је песник сматрао коначном верзијом својих осам песничких књига. Из овог издања преузета је и Библиографија, коју је припремила Анкица Васић, допуњена новијим библиографским подацима, као и *Биографска белешка*, коју је написао Жарко Рошуљ, а којој је, овом приликом, придодат само последњи податак. Дубоко свесна кохерентности и промишљеног организовања сваке књиге, па и циклуса поезије Васка Попе, Светлана Велмар–Јанковић је хронологију, односно редослед књига и циклуса, поштовала до краја, не мењајући нигде распоред песама, а у случају да је под налогом који подразумева избор морала да се опредељује, поштовала је ону бројчану окосницу формирања језгра коју је најчешће и сам песник користио. Из циклуса „Далеко у нама" (збирка *Кора*) од тридесет уврштено је једанаест песама, а из збирки *Живо месо* и *Рез*, које нису подељене у циклусе – по седам. Пресудно значење ових бројева сачувано је, дакле, и у овом избору.

Наум песника, његову вољу и организациона, стилска па и друга специфично песничка решења, која пресудно делују на семантичко организовање и метафоричко увишестручење значења, Светлана Велмар–Јанковић наставља да ишчитава прецизно и дубински и у свом поговору. Њу интересује могуће указивање на формулу која чини стегнут и згуснут, наизглед непромењив однос елемената, па и сукобљених светова Попине поезије. У редукованом песниковом говору и препознатљивим законима говорне синтаксе, Велмарова открива праве „семантичке потресе“, који настају изменом тек једне речи у идиомском говорном низу, као што спремно улази у стрпљив процес успостављања односа између два тока уобличавања песничког смера саопштавања: ситуацију непристајања на игре наметнуте субјекту, или ситуацију пристајања на игре наметнуте споља. Притом су затворено и спољашње одраз не само борбе непомирљивог већ одраз укупне драме постојања.

Пратећи, за нашу савремену поезију прекретничку, промену улоге песничког субјекта – који види, описује, али се и поистовећује са објектом, прихватајући изазов водиље фантастичног у Попиној поезији – која укида временске и друге реалне одреднице – ауторка наилази на феномен стапања, где игра са злом прераста у игру са постојањем, вид односа објекта са спољашњим светом и са собом, у космичким и индивидуалним просторима угрожености. Од збирке *Кора*, преко *Непочин-поља*, циклуса „Мала кутија“ из замишљене и неостварене збирке *Гвоздени сад*, до *Споредног неба*, Светлана Велмар–Јанковић прати умножавање смисла једног истог смисаоног концепта који поседује двостраничност, где заправо и непристајање на игру са злом и пристајање на ту игру једнако значе уништење и самоуништење, где песме првог смера бивају, како ауторка одлично формулише, „песме светлости која плаче“, а другог „песме таме која се смеје“.

Обједињавања ауторка открива у игри *спојених судова*, алхемији коју твори песнички језик и употреба одређених појмова, који чине да „непојмљива апстрактност сретне најопипљивију конкретизацију“, при чему је архетипска дубина и симболичка вредност пречишћених појмовних односа у Попиној синтакси уроњена у вишеслојну метафоричност, која ипак припада затвореном кругу што спаја горње и доње, небеско и земаљско, у вечити егзистенцијални и метафизички кружни простор. И само графичко знамење књига, а посебно *Споредног неба*, Велмарова узима као „симбол у симболу“ и „облик у облику“, не само као својеврстан печат који је сам песник желео да да̂ кругу својих песничких мотива већ и као обележје и потврду поступка који окива видљиво, спољашње, шириши при том просторе семантичких дубина.

Врсном анализом Попиног језичког поступка као „суда за стапање“, али и тумачењем кључних појмова ове поезије (*белупак* или *вук*, на пример) и њихове разгранате метафорике у различитим културама, а посебно архетипсске укорењености у наше културно наслеђе, Светлана Велмар–Јанковић је бриљантно и самосвојно осветлила онај пут Попине „ерудитности", како би рекао Зоран Мишић, који постаје образац модерности по високим захтевима стапања рефлексивности и синтетичности, брижљиво простудиране организације видљивог и њене функције у подупирању фантастичног и фантазмагоричног; у неусиљеним спојевима хуморног и непојмљивог; у оживљавању ванвременог као непресушне и непролазне ситуације удеса и ужаса садашњости, намах уведене у вечност. Осветљен аналитичким поступком Светлане Велмар–Јанковић, Попа се указује у својој суштини и самобитности — као чудотворац, рођен чудом свог песничког језика. Свом тумачењу Попине загонетности и непоновљивости Светлана Велмар–Јанковић није придодавала орнаменте интерпретације. Пре би се могло рећи да им је дала тежину и значај ауторског разумевања и расветљујућег понирања.

Глас страсти и визија

ТРАГАЊЕ ЗА ИСТИНОМ

Листићи Богдана Поповића
Приредили Богдан Љ. Поповић и Мирослав Јосић Вишњић

Богдан Поповић, творац модерне српске књижевне критике, теоретичар књижевности и естетичар, професор упоредне књижевности на београдском Универзитету, један од покретача и уредник *Српског књижевног гласника* (1901–1905), који после Првог светског рата поново покреће (у новој серији, са Слободаном Јовановићем, у јесен 1920), француски ђак, зналац класичних језика и литературе као и живих језика и великих европских књижевности, сматран је једним од најобразованијих српских писаца свога времена. Својим схватањима, у крилу западноевропске естетичке и књижевне мисли, и својим личним стилом, у споју козерског духа и позитивистичког ослонца на чињенице, створио је специфичан – „београдски књижевни стил". Важио је за неприкосновеног арбитра у српској књижевности, уметности и култури. И појава његове чувене *Антологије новије српске лирике* (1911) значила је крупан догађај, мада је означила и почетак другачијих стремљења у српској књижевности, која ће, уз отпор књижевним институцијама какви постају Скерлић и Богдан Поповић, бити опште место спора *нових* и *старих.*

Листиће са дрвета живота и знања Богдан Поповић је писао током 1929–30. године за рубрику књижевности и уметности на страницама дневног листа *Политика.* И касније је написао неколико текстова истог карактера, а у пишчевој заоставштини нађено је још десетак листића са сродном преокупацијом, које су приређивачи, нарочито кад је у питању нешто дужи текст „Психологија скоројевића", са ваљаним разлозима придружили централној групацији „листића".

Иако покривају широку област књижевности, уметности, морала и језика, *Листићи* у суштини, и поред хетерогености тема и најразличитијих повода, на свој начин одражавају личност и дух свога аутора. Ови *мали есеји* „о свем и свачем и још понечем", како је сам написао у првом, датираном 12. новембра 1929, показују основни императив целокупног Поповићевог делања: трагање за истином, онако како је исказују природа, друштвени живот, друштвене науке, уметност, а посебно књижевност. „Увек је тражити, налазити је кад се може, и рећи је кад је нађена“ – гласи један став аутора који себе пре свега види као следбеника и преносиоца науке о вредностима живота, знања и уметности, о моралном и лепом – који се у његовој категоризацији најчешће сустичу у *естетичко морално*, као највећи ступањ морала.

У распону од стриктно позитивистичког поштовања природе, истине, логике, и захтева за сталним усавршавањем естетског и моралног осећања, књижевног укуса и стила, што представља и основне окоснице Поповићевих естетичких и књижевних усмерења и погледа, исписани су и ови мали есеји, који, у мери у којој им дозвољава сама форма и намена (да се обрате најширој публици), одблескују управо оно што су и неке од мана начина мишљења са којима су спориле генерације авангардиста: естетичко Богдана Поповића искључује модерно, а еволутивност, која у један ред своди поимање реда, хармоније, традиционалних естетичких и моралних вредности, искључује нова, призматична сагледавања истине. Наглашена апаратура објективног самеравања естетских вредности, па чак и онога што аутор назива „интензитетом и квалитетом осећања“ и „образложеном истином“, показује и своје недостатке, и тако, на пример, и поред ваљане стилске анализе, не уверава нас до краја због чега је песма Душана Симића „Ноћу“, иако „цела лепа“, управо та за коју би Поповић, да је „из убаха пробуђен“, рекао да је најлепша у његовој *Антологији*, већ пре исказује један укус и један став.

Но захтеви за јасним и прецизним успостављањем предуслова анализи, суду са „разлогом и доказом“, залагање за аутономију књижевног и естетичког мишљења, ван предубеђења, а нарочито ван голе „вере, жеље и осећања“, истицање потреба за сталним усавршавањем знања и естетичког сензибилитета, уз чврсту аргументованост става и изнегован стил – у општој тежњи да се свагда напредује, пре свега уз помоћ што већег броја прочитаних књига („те тако мало тражене робе у наше време“), сузбијањем скоројевићства, освајањем културе и ширењем хуманитета – у основи ову књигу Богдана Поповића чине блиском тежњама које би пригрлило свако време, а *Листиће* штивом којем се, са умноженим разлозима, читалац може враћати.

Иако се многи начелно прокламовани ставови („Све је на свету наука, иако увек не узима облик науке“; „свако питање у свету је научно“) не могу прихватити другачије но као одраз Поповићевог најопштијег теоријског усмерења, тачност његових запажања, она „посматрања на лицу места“ за која се објективистички залаже као за недвосмислену грађу узету из сфере живота, друштвеног понашања, морала (што је прави провокатив али и ослонац његовим малим студијама нарави и менталитета), живо, анегдотско казивање и свеже, функционално посезање за примером из литературе и уметности (што га представља као прворазредног али и ненаметљивог ерудиту), бриљантна стилска анализа (усредсређена на чврсту визуру и изнијансираност „доказа“) – потврђују све разлоге са којих је Богдан Поповић израстао у критичара пресудног за формирање интегритета културног посленика모модернијег, европског кова, чију индивидуалност чини *стил*, или боље рећи, интегралност стила, условљена пре свега чврстом заснованошћу онога *шта* се каже и шта се жели рећи, без чега би и стил био практично немогућ – тек конфузност или празна реторика, која не уважава саговорника, унапред рачунајући на његову површност, необавештеност, предубеђење и лаковерје. Поштујући, и као професор, и као писац ових малих огледа за ширу јавност, свој аудиторијум, Богдан Поповић је остајао веран свом поимању стила – успињања ка новом степенику у освајању знања и разумевању лепоте – онако, наиме, како га и сам описује у штиву „Мишљења и разлози“ (нађеном у рукописима): „Рећи – пишући за јавност – своје мишљење непоткрепљено разлозима, значи писати само за своје једномишљенике; значи не помаћи ствар ни за један корак унапред. У таквом случају не помаже ни она друга важна особина стила: јасно излагање.“

ЕПОХЕ ЖИВОТА, ЕПОХЕ ПОЕЗИЈЕ

Испунио сам своју судбину Милоша Црњанског
Приредио Зоран Аврамовић

Иако је Црњански једном приликом рекао да нерадо даје интервјуе (јер они који интервјуишу „обично деформишу речено а каткад додају и оно што није речено“), у књизи *Испунио сам своју судбину* сакупљено је близу четрдесет разговора који су са Милошем Црњанским вођени највећим делом у периоду од пишчева повратка у земљу, из Лондона (1965), све до последње године његова живота (1977). Чувајући *аутентичну реч писца* (што као основни приступ разноликим текстовима истиче приређивач), књига управо открива да је Црњански знао и волео да разговара. Један од првих разговора у књизи (из 1931. године) и његов аутор Бранимир Ћосић Црњанског представљају као „говорљивог, покретног, полемичног“, а разговори са Драшком Ређепом, на пример, вођени знатно касније, подразумевали су и „наставке“ на које је Црњански радо пристајао, будући да су га познаваоци његова дела или пак заговарачи књижевних тема понајпре анимирали, отварајући могућност да разговор добије карактер пишчевог *кази-вања*.

У функцији опште одреднице, полазишта за све разговоре, стоји први одабрани текст, који и у дубљем смислу ваља схватити као уводни. То је одговор који Црњански даје 1920. године на анкету часописа *Мисао*. На питање *Личност и дело* Црњански одговара са пуном озбиљношћу ствараоца који од тада до краја живота брани интегритет самог дела, заступајући, са једне стране, слободу „суб-јективног", од свега ослобођеног, аутентичног уметничког израза, за који се, ангажовано и страсно, као за претпоставку нове уметнос-ти двадесетих година залагала генерација Винавера, Растка Петро-вића и других „модерних", али, у исто време, исказујући и оно трај-но настојање да се сва позорност побуђена уметничким делом до краја усмери ка стваралаштву, а не ствараоцу.

У том смислу Црњански исказује ставове једне посве чисте и савремене поетике када каже: „Док уметничко дело није предато јавности, ја не признајем никакве законе који би уметник био обавезан признати, сем оних у њему самоме. Од часа када је умет-ничко дело узето од њега, личност уметника постаје апсолутно индиферентна, а само уметничко дело почиње свој засебан живот и под разним утицајима времена, друштва итд. постаје сасвим туђе за самог уметника."

Са огромном енергијом писца који доследно брани своја уве-рења и ставове, Црњански, нашавши се у жижи интересовања јавности по повратку у земљу и по објављивању својих зрелих и последњих дела, истрајно, стрпљиво и уљудно, питање *личност и дело* разлучује и образлаже, неосетно га преобраћајући у једно за њега прихватљивије, и мада лично, ипак надређено, и за само стварање значајније, кључно, а за овог писца чак и судбинско — а то је питање *живот и дело*.

Говорећи, наиме, често, о поводима, ситуацијама, опредеље-њима која су га водила и формирала, а која су била пресудна, посеб-но за његово поетско и прозно стварање, Црњански истиче *живот сâм*, као суму историјског, националног и личног искуства, или пак филозофских, естетичких и литерарних сазнања, кроз која се издва-ја оса стапања личне и опште судбине, или пак судбинског у животу појединца и национа, кроз хуку и хуј свих временâ којима је, и након два рата, и у емиграцији, и у пространствима која је пропутовао и у литературама које је од античких до модерних епоха изучио, био сапутник, одважни али и меланхолични учесник и сведок, са дав-нашњим уверењем да књижевник и песник не прежу ни пред чиме, да и на руинама светова суматраиста спаја и стапа удаљено и неспо-

јиво и под „лампом" чињеница осветљава, на свој начин, универзал-
но, али и непоновљиво. Та судбина човекова, која је подстакла и
прву песму коју Црњански објављује као петнаестогодишњак (у
сомборском дечјем листу „Голуб") у суштини је окосница цело-
купног његовог дела: *Дневника о Чарнојевићу, Сеоба, Романа о
Лондону*: она је спој индивидуалног и општег, пролазног и вечног,
сна и јаве. И онда када Црњански себе сматра реалистом и натурал-
истом колико и лиричарем па и надреалистом, и када са подјед-
наким заносом скупља историографску грађу или се узноси и пати
са својим јунацима, он опет каже: то јесам и нисам ја, негирајући
аутобиографско, али не и свој усхит за живот, онај „фантастични
живот" што се таласа у случајностима, који је вечан, „а ми смо у
њему као жуто лишће", што је било и остало трајна његова инспи-
рација. И онда када је ту судбину видео у другоме, обликујући сва
своја искуства и сазнања у књижевне ликове, „књижевне" и „фило-
зофске симболе", како би их он назвао, и када је на странице својих
књига преносио сопствену истанчану естетичност и медитативност
(*Код Хиперборејаца, Књига о Микеланђелу*) или кад жуди да на
свој, књижевни начин, поткрепи голу историчност (*Ембахаде*) или
пак да следи траг космичког, космополитског, националног и
завичајног у својим поемама – свуда је то исти Црњански, исти тем-
перамент, порив, опсесија, а опет је свуда другачији, са пуном
свешћу о променама које носи време, дајући нове садржаје и оним
појмовима који се устаљено везују и за њега самога, а које он ди-
скретно и елоквентно коригује код својих саговорника: романти-
зам, „стражиловска линија" испуњавају се новим духом и ритмови-
ма градова, новим везама, као што се мења и функција лирског,
интегрисана у прозни исказ,као што се мењају и саме форме, чија
еластичност и могућност укрштања допуштају хибридне облике, и
напокон и језик, српски, за који Црњански вели да је такав да „мо-
же да свира", али га писац мора повиновати својој вољи, одређеном
науму, својој мелодији, аутентичној и непоновљивој, макар се у том
циљу послужио и – зарезом.
 Црњански је сав, од почетка до краја, у императиву освајања
новог. Онај Црњански с почетка, који говори о новинарству као
начину да се спозна свет, „комедија људска", о историји као „финој
али тешкој науци хуманости", о вери као утехи над узалудношћу
света, исти је као и онај који не посустаје пред идејом о *свом* Ми-
келанђелу, оној болној самоспознаји старења, иронији судбине, али
и безграничној вери у оштрину мишљења и племенитост дела. Та
спремност на промене са којом се прате и исказују вечни судбински
закони једини је закон који у уметности признаје Црњански, зато и
говори о епохама живота као епохама стварања и јасно разлучује те
целине у своје три крунске поеме. Уосталом, „књижевник који се не

мења жалосна је појава“, вели он на једном месту, да би на другом додао: „Чинио сам, што сам, у својој ситуацији могао.“

А могао је толико да преживи ратишта и стратишта, сутеренски и сумрачни живот емигрантски, да прихвати да му је често „живот покварио литературу“ и прекинуо планове, али и да оно што је објавио буде изграђена, довршена целина; могао је да буде реалан, неславољубив, поносан и некористољубив, али и безмерно предан једној замисли; да каже, испунио сам своју судбину, а да неутажен и немиран преиспитује нови сан; да следи своје идеале, чак и онај, у слици оца, што је отишао са овог света као антички херој, одлучивши напросто да више не живи, да је време да умре. „Та самоћа једног човека на крају, и та охолост, одсудно су утицали, чини ми се, на мене“, каже у раним разговорима на једном месту Црњански. И свако ко зна за његове последње дане нема разлога да сумња у овај исказ. Између питања о смислу живота и смрти сав је Црњански. На питање – колико је живот утицао на Ваша дела – одговор је једноставан и потпун: Сасвим је утицао – каже Црњански. А иза тог одговора стоји целокупно његово дело.

БИЋЕ ПОЕЗИЈЕ

Феномен Рембо Николе Бертолина

Своје разумевање Рембоа Никола Бертолино је најпре предочио преданим радом на превођењу *Сабраних дела* овога песника, објављених 1961 (библиотека „Орфеј“, Нолит, Београд), да би се и песнику и његовом делу вратио након пуне три деценије. Овога пута из једне нове перспективе – стрпљивог истраживача, неопијеног али снажно мотивисаног пратиоца свих функционалних и релевантних књижевно-критичких и естетичких осветљавања Рембоовог дела (особито у француској култури протеклих деценија) и изузетно студиозног аналитичара круцијалних поетичких елемената или пак самог Рембоовог стиха, који увек и преводиоца и тумача ставља пред скривене и непредвидљиве своје потенцијале.

Овом студијом Бертолино заправо настоји да уобличи своју одгонетку везану за кованицу *феномен Рембо*, иза које, и столеће након песникове смрти, стоји исто толико упита колико и могућих одговора, но аутор књиге је решен да заобиђе готово кошмарне колоплете оних легенди које су увелико наткрилиле песника који их је, необјашњив и непредвидљив, покренуо, а које су, у захукталости свог обновљивог, често површног, погрешног па и изокренутог митотворства заклониле основно – само Рембоово дело.

У том погледу Бертолино показује одлучност најсмелијих и најстрпљивијих – решен да кроз непрозирне велове, заводљиве и вишесмислене, одсудне али не ретко и жовијалне Рембоове непресушне песничке авантуре, сагледа само дно, да зарони, приправан на дуга трагања, и да са свог истраживачког понирања изнесе неке од могућих кључева тајне.

Од свих митова, Бертолино је ипак за полазиште своје књижевне студије одабрао један – у контексту модерне поетике и проблема савременог тумачења отуђења најпровокативнији: *мит о песниковом одласку* и феномен драговољног песниковог изгонства, везан за тајну његовог опредељења за песничко ћутање. У овом двоструком самоизгнанству Бертолино види коначну, крунску потврду нераскидиве повезаности песничке и људске Рембоове судбине, која на темељу *поетике преображаја* (уланчаних бекстава и књижевних метаморфоза), *акције* као кључног принципа песничког и друштвеног делања, песничког трагања за обухватном и целовитом, апсолутном истином постојања, у самом дну песниковог бића тражи и разрешење јединствене егзистенцијално-стваралачке драме.

У Малармеовом луцидном суду (из *Писма Херисону Роудсу*), по којем је Рембо „блеснуо сјајем метеора који је букнуо без другог мотива осим сопственог присуства“, особито у привлачности идеје о мотиву затвореном у сопствено присуство, Бертолино налази ослонац анализама којима осветљава и наглашава *имоненцију*, песниковим поимањем егзистенције успостављену логику живљења и стварања, у којој пуну тежину и изоштреност добија питање *смисла поетског чина*. У свим аспектима Бертолиновог истраживања (биографском, поетичком, текстуално-аналитичком), Рембоов „случај“ се указује, документовано и уверљиво, као унутрашњи, заокружен, у себе затворен смисао, у којем *чин одласка* не само што не оспорава него до краја подвлачи целовитост поетске еволуције, муњевите, и по својој унутарњој сукобљености и самопоништавању јединствене, али доследне у свим аспектима и етапама Рембоовог трагања, која, истовремено, егзистенцијално-стваралачки усуд једног од највећих „уклетих“ песника исказује у његовој *духовној целовитости*.

Између Закона и Побуне, Бекства и Казне, свог поимања Запада као света општих стега и паганства као властитог осећања слободе али и драговољно прихваћеног греха, Бертолино *феномен Рембо* види у непостојању дефинисаности и одређености тог феномена (коначност би се појавила као унутрашње противречје, будући да је у начелу схваћена као основна коб духа). Бертолино је стога склонији да тај феномен види у функцији (ближе рембоовској *акцији*) повезивања две реалности, које га одређују у корену његовог људског и поетског бића. Поље тог повезивања води бескрајном приближавању окосница Закона и Побуне и категорија из чувеног *Писма видовитог* (ЈА то је неко други), односно, формуле која се у разним етапама песникове биографије мења, рушећи најинтимнију веру у Другог (неуспех „смешне заједнице" са Верленом), преображавајући читав свет, како каже Бертолино, у читаву половину сопственог бића, да би се напокон у своме Ја препознао омражен, рођењем утиснут жиг укорењености у Свет припадања, непомерљивих хоризоната окамењене друштвене стварности. Између Пакла припадања и Пакла свог греха обрушавања на конвенције, Рембо ће увек прихватити своје грешно узмицање ка слободи, али и пут ка казни: судбини вечитог одметника који *прихвата* своју осуђеност. „Дечак кога је дотакла Муза" (како за себе каже у писму Теодору де Банвилу, 1870) биће принуђен да се окрене „против дечака у себи", што Бертолино тумачи у духу отпора оном корену увек присутне и неизмењиве психолошко-социјалне, моралнорелигијске обележености која је наслеђена самим рођењем у Свету припадања и закона̂. Грех је једини усуд уклетих који је прихватљив, будући да је сваки вид помирења истинска коб, и будући да је носилац греха носилац ослобођености, једне нове, неистражене и у истој тачки пакленог супротстављања својој Ја–другости отворене спасоносне перспективе.

Показујући, у широком луку од ране „апологије бекства" („Седмогодишњи песници") преко тумачења пуне и зреле лепоте најуспелијих текстова *Илуминација*, до врхунске „Геније", Рембоову унутрашњу мотивацију за проналажење спона „разлога и вечности", и пројекцију поетског идеала у споју „плодности духа" и „огромности света", како то сам Рембо исказује у „Генију", у идеалном, траженом одразу другости у „страшној брзини савршенства облика̂ и акције", Бертолино је тежиште своје студије поставио у напоредни план испитивања Рембоовог песничког језика, као иманентног оформљења новог, модерног песничког дискурса, али и као одраза његовог целовитог поимања песништва као непоновљивог језичкостваралачког и егзистенцијалног чина.

Извођењем суптилних анализа текста, тумачењем промена у поимању језичког експеримента али и укупне Рембоове поетике, особито у интерпретацији појединих целина из *Илуминација* (добро одабраних и у контексту генералне тезе егземпларних, попут „Метрополске", „Варварске", *Being Beauteous* и „Генија"), Бертолино је прихватио њихову изузетну семантичку прегнантност и широке могућности њиховог поетског, али и поетичког значења, усмеравајући управо тим делом својих анализа истраживања ка оном исходу који говор документованог, сувог, фактографског казивања из писама породици из „изгнанства" (Абисиније, Адена, са Кипра) или описе Огадина могу третирати као саставни део једног целовитог поетског експеримента, индиректно оповргавајући тезу о песниковом самоизневеравању или пак о неприродности његовог мука.

Из плодоносног и вишеструког аналитичког рачвања Бертолино на светлост дана износи многа суштинска питања везана за биће модерне поезије и поетског језика, подвлачећи и њихову универзалност и рембоовску специфичност: о дометима и границама песничке истине, о смислу поезије, поетском говору као опирању књижевним конвенцијама, питању отуђења, могућностима деперсонализованог песничког говора, интенционалног и ванинтенционалног смисла, читања песничког текста у једном кључу, преостатка књижевног значења као дејства језичке енергије, дејствености поезије у правцу мењања бића онога што је другост свога ја или пак сама истина света. Ова питања значајна су колико сама по себи толико и у снопу светлости коју Бертолино разложно баца на своје виђење *феномена Рембо*, будући да су утемељена у језгру Рембоове песничке генијалности која управо отуда зрачи провокативношћу и тајанством своје модерности крунисане и оним последњим, чини се тако ретко остваривим пројектом – да се унапред осмисли и усмери удвојен, животно-креативни ход, и да се у окриље читавог дела које поставља питања судбинске могућности поетског говора и поетског чина (језика и дела) укључи у феномен поетске тишине.

Дајући несумњив допринос, функционалном и вишедимензионалном, темељно заснованом студијом, тумачењу једне књижевне енигме која је заувек обележила својим метеорским сјајем и говором урођеним у ћутање ретко винуће на небу Поезије, Бертолино се показује као врсни саговорник у домену оживљавања, из нових аспеката и са нових разлога, и оних најуниверзалнијих тема које се сплићу око бића модерне поезије.

ГЛАС СТРАСТИ И ВИЗИЈА

Друкчије мишљење Октавија Паза

Нобеловац Октавио Паз, плодан и снажан песник *експеримен-та* и *промене,* једновремено је и есејиста који у темељима поетског чина види и критичко промишљање света. Његови есеји су стога својеврсна поетичка призма, али и обавеза да се размотри свеукупни положај поезије у свету данас. Књига *Друкчије мишљење* обједињује његове новије есејистичке текстове, написане у периоду од 1976. до 1989. године, сводећи их у суптилан аналитички лук, који значење модернизма поезије сучељава са проблемом поезије краја века.

Модернизам поезије Октавио Паз везује за традицију *критике и побуне* као доминанту самопотврђивања током XIX и XX века, која је „доживела врхунац са симболистима и очаравајући залазак са авангардистима нашег века". То је крај „традиције раскида", негирања које је значило и афирмацију новог. Но *естетика промене* остваривала је и један дубљи пут, креирања интегралног света заокружених архетипских вредности. То је *чисто време* – доказ да се дело остварује у тренутку, али урања и у трајање. Као облик постојања стварности, испуњен смислом, садашњост, међутим, може бити и древни прапочетак, али и клица, будућност стварања. Како у једној од својих претходних есејистичких књига (*Лук и лира*) Паз каже, „песма нам даје да пијемо из једне вечне садашњости која је, исто тако, најдаља прошлост и најближа будућност".

Управо ово *повлашћено време,* издвојено из историјског тока, недостаје уметности краја века, због чега је, по Пазу, то крај модерне уметности као могућности негирања и освајања (негацијом) новог. То је у првом реду проблем саме *садашњости,* која доживљава кризу значења, а тиме губи споне у архетипском кругу: она сама постаје „лебдеће време", без гравитације, заустављено између „прошлости која се удаљава" и „будућности која се суновраћа"; уместо промена, она инаугурише кружење, непрекидно постојање и обнављање истог, *стереотип.* Постмодернизам је стога колебање, немогућност промене, те Паз прижељкује време ослобађања, пост-постмодернизма, јер је однос између стварности и речи могућ ако постоји садашњост са значењем, што обнавља уметнички витал-изам, принцип критике и афирмације, промене и превазилажења. То обавезује, у првом реду, на уобличавање једне нове поетике, јер је свака досад постојећа разбијена изгубљеном сликом света, униформношћу технолошког речника, безличношћу тржишта.

Паз не сумња у то да ће поезија преживети, он и не расправља о крају уметности, већ о крају једне естетике, модернизма. Песма је *биће од речи,* које могућим чини говор, а говор је слика света која жели да буде свет колико и то што јесте, он сам. Људи не престају да се посматрају у огледалу сликâ нити престају да слушају „глас човека заспалог у дну сваког човека". Заборав поезије био би заборав човека-ствараоца, самозаборав, у којем више не би било ни човека.

Време лишено естетичке промене, време историје која је сама себи сврха, кружно време тржишта – неуведено у чист простор посвећених вредности, трајања – елементарне су несреће које се обрушавају на корен човекове егзистенције, као што уздрмана упоришта морала, политике, еротике, као и опадање револуционарних митова, стварају огроман јаз између стваралачког и друштвеног, *стваралачку осаму,* као јасан знак кризе сваког, па и модерног времена. Значи ли то и повлачење песничког гласа?

Јасно је да ће Паз одговорити одбраном Поезије, као одбраном Слободе. Властити начин постојања поезије, њена најдубља самопотврђеност која надживљава сваку кризу, која је отпорна на историјске промене, која изграђује братство многих осамâ, осваја право да постоји другачије, у самој слободи свог стваралачког чина. Чак и у преплитањима тако природних али често, како вели Паз, „и несрећних односа између поезије и револуционарног мита", или у просторима ишчезле вере која није замењена другом, или „испарцелисаних" схема идеолошке свести, наметања тржишног, масовног и површног, поезија ће преживети, успоставити своју нетакнуту целовитост са којом је живела у свим друштвима и временима, и која је у том смислу а-модернистичка, јер може постојати ван модернизма, у слојевима који су најархаичнији и најмодернији у исти мах, јер постоји у својој непрекидној другости која јој је иманентна – у својој слободи, као праву на другачије мишљење. О том праву песник Паз није могао другачије да проговори у свом есејистичком тексту но заправо песнички: „... Њен глас је друкчији јер је глас страсти и визија; долази са оног и са овог света, тај глас је стар али је и глас данашњице, старина без датума. Јеретичка и расколничка поезија, невина и перверзна, чиста и блатњава, ваздушна и сутеренска, поезија капеле и бара на углу, поезија надохват руке и увек подаље од света а ипак овде. Сви песници који су у дугим или кратким тренуцима, узастопним или усамљеним, прави песници, чују тај ,друкчији' глас."

Слобода је, вели Паз, *кретање бића,* његово стално превазилажење самог себе (*Лук и лира*). У књизи *Друкчије мишљење* он тај став појачава и надграђује: „... она је покрет свести који нас подстиче да у одређеним тренуцима изговоримо две једносложне речи:

Да или Не" (стр. 54). Управо тиме он самопревазилажење бића види у комплементарном одразу, превазилажењу замке кружења, притиска идеолошких, религијских, филозофских садржаја, чак и саме празнине – нереволуционарности. Јер, као слобода, поезија за Паза носи у себи вокацију вечите побуне против човековог удеса, чак и ако је то удес његове властите контрадикторности. Револуција, и блискост са њеним усијаним крајностима, од разума (критике) до заноса (утопије), означавају у поезији покрет њиховог превазилажења, али и замах креирања новог света, који до сада није постојао, а човека ипак потврђује и враћа првобитном себи, спајајући све несличности и раздвојености, у њему самоме и ван њега, у склад. Склад, чак и са напрслином (свест о њој је неизбрисива, срасла са сликом света, она се у Паза подразумева), али склад. Поезија је за Паза доказ могуће хармоније универзалног братства људи, сећања народа (потирање космичких раздвојености и потирање заборава традиције, оних „кристално јасних слогова који нам се враћају"), она је освојено време тренутка и древности. Као жеља за стварањем облика, она у себи носи чежњу за новим и допирање до новог, али је та жудња вечито утиснута у време, као извор Стварања, архетип *бића од речи*. Говорећи о суштини поезије и језика у есејима из књиге *Лук и лира*, Паз ову мисао у завршним редовима савршено концизно исказује: „Биће и жеља склапају савез, за тренутак, као плод и усне". На завршетку књиге која разматра могућности опстајања поезије у данашњем времену, Паз управо у њеном архетипском печату види њену вечиту, непроменљиву дејственост: „Песма је помирење: машта отелотворена у једном сада без датума."

Есејиста Паз са жаром песника непрекидно размишља о поезији, о оним модалитетима њеног постваривања у времену и простору који највише истичу њену бит. Како је за њега песма „тачка сусрета поезије и човека", природно је што га у тим размишљањима најнепосредније ангажују могућности потпуног остваривања песме као истовремене афирмације слободе и достојанства и Човека и Речи. Паз је у свом есејистичком штиву ерудита који не теоретише. Он сабира чињенице свог огромног и страсно стицаног знања о томе *како дише* поезија у чисте и јавне лукове који прате њен пут кроз три времена – прошлост, садашњост и будућност – у једно, непроменљиво време њеног посвећеног трајања.

ОД МИТА ДО ФАНТАСТИКЕ

Читање замишљеног Миодрага Павловића

Миодраг Павловић један је од најеминентнијих носилаца укупне књижевне промене у нас, која је од раздобља послератног модернизма до данашњих дана на широком плану песничког чина али и промишљања савремене поезије обележила маркантан простор који профил књижевног дела Миодрага Павловића чини и разуђеним али и врло специфично моделованим. И као песник и као есејиста, Миодраг Павловић се појављује као луцидан посматрач и одгонетач оних линија човековог историјског, културног и стваралачког бића које означавају просторе његове прошлости, садашњости и будућности, враћајући преиспитивање модернитета поимању и исказивању света на вишеструкој потки човекове егзистенцијалне и стваралачке ситуације. У том смислу су есејистичке књиге Миодрага Павловића истраживачки поставиле аспекте поезије и стварања нашег тла, осветлиле врхове европског песништва, али и специфичне и универзалне стваралачке проблеме.

У књизи *Читање замишљеног* Павловић потврђује основне претпоставке свог читања светске књижевности – почевши од античке трагедије, Шекспира, Дантеа, Молијера, Хелдерлина, Гетеа, Пушкина, Гогоља, Достојевског до поезије Вилема Блејка и Т. С. Елиота. Ту су и неколике занимљиво постављене теме: *Империје и градови, Питања фантастике* и *Идеја правде и визија раскоши.*

Ритуалне, митске матрице, ризнице идеја – универзалног религијског, културног и у основи антрополошког наслеђа, јесу обрасци ка којима аутор усмерава своја виђења чак и најопштијих места литературе – Едипов комплекс или Хамлетов проблем, затамњена митска виђења судбинског или простор словенске заумности. Заједнички именитељ Павловићевог вишеструког интересовања тако постају историјски облици, условно речено генетски обрасци – који поједине епохе у књижевном развоју или сама дела везују за њихове праоблике, прапочетне антрополошке а самим тим и стваралачке предзнаке наслеђа. Изванредно је у том смислу функционална анализа Дантеове Беатриче, на пример, у којој Павловић види реактуализацију претходних митова о небеским девицама, оличеним у Персефони, али и сваком даљем персефонском призвуку, чак и у ликовним уметностима.

Други аспект стваралачког Павловић истиче у горњем хоризонту уметничког, оном који остварује сама креативна снага и инвенција, која се удаљава од основног покретачког језгра, или му се чак противставља, али у сваком виду одступања од обрасца ствара међупросторе новог креативног набоја, „цепове“ непредвидивог, који постају нови потенцијали стварања. Њих Павловић открива како у Дантеовом сликању оностраног и небеског толико и у психолошким међупросторима Шекспирових драма, у фантастици Гогоља или новим димензијама психолошког у Достојевског, а посебно у Блејковим митопоетичким пророчким визијама и Елиотовом спајању реалистичких елемента и имагинарних видика, који постају уметничко сведочанство у распућима модерног света. Уједно је поезија овог кова потврда Павловићевог уверења из текста *Питања фантастике* које акцентује преображавање образаца инвенцијом и постизање иновација прекривањем па и комбиновањем и укрштањем формалних кодова. Тај план анализе означава суштинску модерност у приступу стваралачког у овој есејистичкој књизи Миодрага Павловића.

Културно залеђе које прихвата „препокривање кодова и стилско разуђивање јесте основа фантастике, која се издваја из оног језгра у којем су њени почеци блиски миту. Реверзибилност мита и његова немогућност да се развија у правцу формалног наслањања на друге стилове и форме, повлачи разлику два вида стварања, две форме мишљења и два различита „литерарна сензибилитета“, од којих онај што омогућује отвореност за укрштање формалних кодова и који припада домену фантастичног стварања нуди и шире потенцијале покретљивости, и посебно, *непредвидивости*, чиме ова уметност постаје „кулоар неизмерљивости и неизбројаности“.

Ако је инвентивност као основна иновантна снага један од општих стваралачких предуслова садржаних и у фантастици, и сам литерарни сензибилитет и стилско препокривање о којем говори Павловић садрже оне комплексне димензије које надилазе мит обухватањем и синхроније и дијахроније, те овај „кулоар“ сасвим приближују основној матици уметничког стварања. Као уметност „међупростора“, међутим, фантастика садржи свој спецификум, „своје нешто, са којима се игра, и без којег је незамислива“. Уз разграничење од мита, она носи, дакле, и разграничење од другог књижевног стила, у извесном смислу примарног, у чијем је контексту једино могућа и чијем ширем окриљу припада. Ово друго разграничење такође припада домену једног особеног „литерарног сензибилитета“, оне мере, наиме, која одређује већу или мању заснованост на компонентама збиљске, конкретне реалности на коју се шири стваралачки контекст, без обзира на своје основне тежње уобличавања дела као *реалности за себе*, ослања свакако више но фантастика, која подразумева слободу „лебдења“, говор, како Павловић каже, „о једној реалности коју не може довољно да открије, нити може да је сасвим сакрије“. У том премештању тежишта литерарног сензибилитета Миодраг Павловић уочава битне разлике стваралачких облика мишљења и стилских уобличавања које прелазе пут од исконског до најмодернијег, од мита до фантастике, што је свакако и на плану општих теза, у тексту „Питања фантастике" али и непосредне анализе заступљених аутора и дела од препознавања обрасца до формалног увишестручавања нове уметности подједнако провокативно, функционално и значајно.

КА ПОЕТИЦИ МОДЕРНОГ

Срйска аванґарда и йолемички конйексй
Гојка Тешића

Након зборника критичко-полемичких текстова међуратне српске књижевности *Зли волшебници* (1983) као и двотомног представљања књижевне критике између два рата (1985), Гојко Тешић, један од најплоднијих и најконзистентнијих књижевних историчара млађе генерације, поприште стваралачких, поетичких, критичких и полемичких струјања првих деценија овог века у нашим књижевним просторима својом новом истраживачком књигом ставља у изоштрени фокус испитивања феномена *књижевне аванґарде* као окоснице књижевних збивања не само овог периода већ и потоњих вишедеценијских критичких преиспитивања.

Опредељујући се за Флакерову и Соларову линију тумачења појма авангарде као надређеног за све „изме" двадесетих и тридесетих година и потенцирајући *йоейички радикализам* и стваралачку праксу у духу *тойалноґ ексйеримента*, Гојко Тешић тежиште испитивања авангардне стваралачке и поетичке продукције ставља у период од 1919. до 1925. године, сматрајући двадесете године језгром српске авангарде, која је своје буђење доживела у предратним годинама а свој епилог у надреалистичкој фази српског књижевног деловања.

Превратничка стваралачка пракса двадесетих година, наиме, која је много критичарске страсти водила од жестоке негације до афирмације (али и обратно), спор око авангарде учинила је у књижевноисторијском погледу једним од најрадикалнијих у нашој књижевности. Посебан труд аутора везан је за систематизовање текстова у духу периодизације у оквиру овог временског распона, али, што је нарочито значајно, и у духу успостављања различитих типова критичких судова о авангарди овога па и поратног периода. Они су, како у овом документованом прегледу посебно јасно долази до изражаја, свој контекст имали често не само у естетичким већ и у идеолошким позицијама својих заступника. Поред конзервативне критике (Богдан Поповић, Бранко Лазаревић, Сима Пандуровић, Марко Цар) као ригидне одбране наслеђених естетичких и теоријских постулата, преко тзв. независне критике (Милан Богдановић, Велибор Глигорић), ван запоседнутих естетичких фронтова, али са контроверзним заокретима попут управо оних Милана Богдановића (који прихвата нове тенденције да би на прелому тридесетих и четрдесетих година формулисао радикалну осуду модернизма) или деловања Глигорића (као „најљућег критичара конзервативизма“ који је, међутим, и негатор нових тенденција и, како вели Тешић, „мрзитељ српске авангарде“) – до спорова унутар саме авангарде (зенитизам према осталим „измима“, „ликвидација“ авангарде од стране надреалистичких стваралаца или пак концепта социјалне литературе), у Тешићевом непристрасном и документованом прегледу критичке мисли која прати авангарду видљив је не само дух њеног *оспоравања*, већ и унутрашње *језгро контроверзе*, илустровано низом критичарских недоследности. Чак и када је прихваћена модерност авангарде, она је оптуживана за изневеравање модерности (М. Богдановић), с једне стране је истицана њена револуционарност, да би јој она била и порекнута (Глигорић, Богдановић, Ристић, Ђорђе Јовановић), док јој конзервативна и догматска критика приписују бољшевизам, критичарске тенденције тридесетих година потенцирају њену десничарску оријентацију итд.

Недоследности и контроверзе у критичком праћењу стваралачке авангарде Тешић организује око два кључна момента: с једне стране, унутар авангардног модела, по устаљеним догматским и позитивистичким навикама, настоји се видети канонизација управо тамо где се инаугурише ванинституционалност и револуционарност, непоновљива аутохтоност стварања и њени аутономни закони; с друге пак стране, радикално нову, превратничку праксу не прати динамика стварања и проширивања антитрадиционалистичких поетичких и критичких простора.

Родоначелничку улогу стварања духа модернизма у смислу поетичког супротстављања традиционализму Тешић види у критичарској и полемичарској делатности Светислава Стефановића. – Његова улога у радикалном померању у оквиру контекста модерне књижевне критике најављује заокружену, комплетну стваралачку, критичку и полемичку делатност Станислава Винавера, чија трагалачка и преиспитивачка енергија у афирмацији аутентичних књижевних вредности као синонима модерности једина бива сачувана и у поратним годинама, а доследност у примени јасних естетичких критеријума и књижевноисторијских лоцирања јединствена.

Управо из те перспективе, завршно поглавље књиге *Српска авангарда и полемички контекст*, посвећено Винаверу, има значај парадигматичности у знаку двоструке афирмације: оних вредности које су одбрањене самим Винаверовим критичким деловањем (а чијим су оспоравањем, у случају Растка Петровића и Милоша Црњанског посебно, и били започети спорови око авангарде у српској књижевности), али и афирмисањем чистог поетичког простора одбране модерне поезије , и стваралаштва уопште, што представља кохерентно изведен и документован, али и надахнуто интониран закључак ове вредне, значајне и надасве студиозне књиге. Закључак који, и мимо одређеног књижевно-историјског контекста који ова књига разматра, стаје на страну духа модерности у књижевном стварању, подразумевајући и поетички простор за који се аутор имплицитно али доследно залаже.

ЧИТАЊЕ ДУГОВЕЧНОГ

Есеји о српским песницима Миодрага Павловића

Своје песничко стваралаштво Миодраг Павловић саздаје на јединству дубоких спознавања основних закона човекове егзистенције, али и *трајања*, закона који су утемељени у вечним процесима дезинтеграција колико и надвладавања рушитељског; садржани у самој човековој природи, ови закони одређују и човеков свет. Светлосна линија повезивања и уздизања, која превазилази историјске напуклине и човекове расколе, припада, у поимању Миодрага Павловића, стварању, сферама духа, областима посведоченог трајања у делима чију вредност је увек изнова могуће потврдити, или пак, новим аспектима тумачења и новим аргументима, изложити критичком и аналитичком преиспитивању. У погледу стваралачког континуитета и традиције могуће је рашчитати линије повезивања једне културе, линије развоја и простирања њених незаобилазних вредности које успостављају везе древности и савремености. Управо том и таквом сагледавању српске културе посвећене су књиге огледа и записи о поезији Миодрага Павловића, који носе печат његовог укупног поимања феномена песничког стварања, уметности и културе.

Већ је *Антологија српског песништва* (1964) означила Павловићеву у много чему прекретничку, бескомпромисну одлучност у преиспитивању не само „новијих" токова већ и оних појава и књижевних вредности које далеку прошлост стављају пред доследно и јасно поетички формулисан оквир истраживања, пред модерни сензибилитет који садржи смисао за стваралачки трептај колико и за дубока индивидуална и колективна остварења садржаја релевантних за књижевност и културу једног национа, без обзира на епохе, жанрове или правце, али и допуне и корекције многих устаљених одређења и класификација. Основни прегалачки напор који је Павловић исказао био је усмерен ка разгртању слојева културне прошлости, ка успостављању основне књижевно-историјске равни читања књижевности, као неопходног фундуса критичког и аналитичког истраживања, али и отварању оног поља сагледавања културних и књижевних вредности до којег је Миодрагу Павловићу понајвише стало а које дотле недостајуће и неприсутне *сегменте* читавих столећа враћа у њихове природне *зглобове* континуитета, да би из њих, ван конвенција и првобитне сврхе (жанровских одређености или других друштвено-историјских, религијских и сличних предодређења) била излучена распознатљива, пуна мера литерарне остварености, она која песму, или фрагмент или читав опус једног песника ставља на проверу његовог смисла и трајања, на фону универзалне рецепције – што не искључује критеријуме нових времена̂, већ их, разуме се, подразумева.

У тој, *естетичкој функцији историјског контекста* о којој говори у свом предговору *Антологији српског песништва*, локално и парцијално, пригодно и утилитарно, приватно и парохијално – оно што не успоставља директну везу од своје временске постојбине до данашњице и делотворношћу и зрелошћу аутентичног књижевног исказа не саопштава „дубину доживљаја и сазнања" из домена индивидуалног или колективног искуства, не претвара се, дакле, у естетичку вредност *живе традиције* – не може, по Миодрагу Павловићу, припадати кључу естетичког читања историјске равни. Потреба нових читања – обавеза је нових времена да једном успостављену вредносну окосницу преиспитује колико и саме вредности; отпор канонизацији не може се исказивати формирањем вечно важећих система, већ сумњом у њихову вечну делотворност и свеобухватност.; као што се ни вредност не може исказати у трајању ако се не постави пред вредносне захтеве и мултипликоване методолошке захвате савремености; као што се, напокон, ни вредност сама не може једном и за свагда протумачити, и њена значења до краја, заувек, исцрпсти. Домен књижевног испитивања јесте динамика која сажима временске критеријуме, односно, *естетичка функција* историјског контекста има свој пуни смисао ако не занемари вибрантност историјских процеса уобличења свести о вредности, и ако их стога учини увек отвореним и за нова и најактуалнија испитивања. „О једном песнику никада није све речено: стваралачки догађаји који му следе, или откривају нови смисао његове књижевне појаве, или смањују његов значај", бележи Павловић у свом огледу о Јовану Дучићу.

Стога се и књига изабраних огледа, утемељена највећим делом на збиркама есеја *Осам йесника* (1964), *Поезија и кулшура* (1974) и *Ниш̄ишишељи и свадбари* (1979), и сама нуди у двоструком смислу: и као могућност сагледавања једне стваралачке концепције културе какву отвара Миодраг Павловић, и као отворена могућност за реплике у поводу избора и валоризација или пак тумачења појединих песника.

„Удаљеност од сопственог старог доба" једна је од алогичности којој се противи целокупно Павловићево поимање културе као континуитета у повезивању стваралачких облика. Стога већ његова *Аншолог̄ија срйске йоезије* започиње XIII веком, а књига изабраних огледа анализама „Слова Љубави" Стефана Лазаревића и „Химне Богородици" Димитрија Кантакузина, потврђујући Павловићеве поставке о делотворности оних вредности које пуном мером своје индивидуалне оствурености излазе из непосредног хронолошког оквира и унапред утврђене сврхе (средњовековних институција у овом случају) и снагом своје литерарности – своје креативне и књижевне лепоте – отискују се у време.

Колико књижевна вредност не искључује, међутим, латентно ишчитавање података о времену у којем настаје, о сложеностима историјских раздобља, непосредних околности у којима писац ствара, одблесцима књижевних праваца или периода у чијем окриљу дела настају, показаће, у мери која не ремети усредсређеност на књижевно штиво и његово значење по себи, Павловићев смисао за рефлектовање сложеног контекста којиваја особеност књижевног дела, чак и када формира, парадоксално, његову *различишосш* од сваке стварности, па и оне у којој се рађа. Без поштовања овог испреплетеног низа биографских и историјских нити, било је немогуће приступити комплексном тумачењу епских распона Симе Милутиновића Сарајлије и Његоша, без обзира на то што је анализа усредсређена на изоштравање управо оних мање очекиваних а у естетичком смислу релевантних Павловићевих закључака. Без таквог слуха, отвореног и за индивидуалне и психолошке моменте, приближавање једној још дубљој и комплекснијој методологији (оглед о Лази Костићу) чинило би се, управо у најрадикалнијим дометима и акцентима анализе, неприпремљено и непотпуно.

Истрајност преиспитивања уродила је у више махова у Павловићевом откривалачком читању драгоценим резултатима. Класицизам је, како је већ познато, заблистао у његовој *Аншолог̄ији* открићима Никанора Грујића и Јована Суботића, да би Стеријино наслеђе добило у овој књизи пуну меру осветљавања Павловићевим огледом о његовој поезији, посебно кроз ванредну анализу „Надгробља самоме себи“, као *рационалистичке сублимације*, креативног искорака *филозофског* става у једно сасвим особено *песничко* искуство. („његово Ништа од критичког добија метафизички статус“, каже Павловић). Смисао за откривање ове врсте искорачења, „пробоја“, како би аутор рекао, Миодраг Павловић показује посебно у интерпретацији стваралачке генезе Јована Дучића, истичући, међу првима у нас, високу вредност „Вечерњих песама“ и последње етапе песниковог стварања. Као што је убедљиво, на примеру Симе Пандуровића, протумачен феномен креативног надрастања. Анализа песме „Светковина“, у којој се „магма поетичног излила преко своје границе и запосела један нови залив“, не само што указује на један од врхунаца Пандуровићевог певања и једну „лековиту свечаност“, она у Павловићевом укупном поимању стваралачких промена значи *велику песму*, јер за нашу поезију налази нов простор и шири домен традиционално схваћеног поетичног. Павловића и у другим анализама занима понајвише та осетљива граница где се танка и једва видљива опна „поетских навика“ пробија, и где се аутентичност песничког остварења још једном потврђује, дубинским чином освајања нечега у нашој поетској традицији непознатог, новог. Стога се ова перспектива откривања у структури Павловићеве књиге неприметно грана: у Војиславу Илићу и неким његовим уздржаностима (посебно у бојењу националног), Павловић назире могућност успостављања *космополитизма*; у инферналности Дисовог доживљаја света – закорачење у модерно поетско искуство *пакла града*.

Павловић је не само рафиновани аналитичар, он се не клони успостављања одређених и јасних вредносних судова – у чему и јесте, у основи, смисао преиспитивања. Признато, једном оцењено и више пута хваљено, или пак оспоравано, у њему изазива исту скепсу као и најмање признато, неприсутно. У запису о поезији Радована Кошутића (*Нишшишељи и свадбари*) наћи ће се податак да је аутор због песме „Ја и змија“, која му се посебно свидела, прочитао свих седамнаест Кошутићевих књига, „да види шта се у њима може наћи“. Исти поступак ишчитавања, радозналог преиспитивања, примењен је, очигледно више пута, и у случају врло добро знаног Змаја: „. . . певанија, томови хрпе“. Јер, Змај је „и лепе стихове трошио у песмама до којих му самом није било стало“ и изненађења и разочарења се у његовој стваралачкој бујности и разностраности смењују. Сагледана и у својој особеној вредности, и у сагласности са духом стварања *нашег* романтизма, Змајева поезија и њена репутација, у коначној Павловићевој рекапитулацији, нису оспорене.

Читање наше поезије, без обзира на епохе, време настанка појединих дела, одвија се за Миодрага Павловића на најширем плану јасних поетичких очекивања и у стално присутној призми сазнања о најзначајнијим поетским дометима у историји светске књижевности или о модерним поетским кретањима и преламањима. Константа митских и књижевних мотива и тема, лирски архетипи, њихова варирања и стваралачке преобразбе или пак назнаке у делима наших песника чине напровокативније поље Павловићевих минијатурних студија унутар појединих есеја. И ту га у првом реду занимају пробоји, својствени великим стваралачким индивидуалностима, одступања од устаљеног, *снага имагинативног духа*: „реалност визија“ једног Лазе Костића, песничка величина, „гола и самородна“, једнога Диса, да би у рађању новије књижевности и њених модернистичких преплитаја значајно место припало анализи грандиозног Винаверовог опуса – његове „звучне екумене“ – али и јасном самеравању раскорака његове раскошне обдарености и недостатка стваралачке дисциплине (што га по Павловићу чини „инфантилним оцем наше модерне поезије“); потом Растку Петровићу, названом у *Антологији* „епитомом наших међуратних песничких збивања“, који у *тајни крви* сажима удес искона и савремености; најзад, да би свест о могућности васпостављања песничког света у језику, одговор, дакле, једном од највећих поетичких захтева, Павловић препознао у поетском делу Момчила Настасијевића. Његов је језик је по себи уметност, „где се говор препорађа а ново у њему озакоњује“, како вели Павловић у *Антологији*, допуњујући то у свом опсежном огледу закључком о Настасијевићевој творби „личног законика песничког савршенства“. Покушаји компаративних анализа овог песника, у контексту европске поезије, још једном потврђују Павловићеве ставове о самониклости песника који обједињује стваралачку мудрост, рођену без ослонца на сродне или истоврсне песнике и мислиоце, и стваралачку слободу особите синтетичке моћи – која сажима лепоту речи матерњег језика и сазнања о есенцијалном у човековој егзистенцији, уздижући их у чисто, одсудно бивање у уметности – али и израстајући из националног тла у тле које у највишем и најчистијем смислу бива отворено будућности, даљег истраживања стваралачког споја могућности језика и могућности поезије.

Павловићеви огледи, и ако се овом приликом не читају први пут, дочекују се са једнаким уважавањем и уживањем, јер успостављају линију континуитета и духовних успона нашег поетског стварања разгртањем редундантних наслага нормативних читања, због чега се свака књижевна појава о којој је реч указује као чист изданак дуговечног стабла, али и род посебан по својој више пута и на различите начине искушаној племенитости, непоновљивости и лепоти.

Поштовање путева континуитета, књижевне аутентичности и налога за преиспитивањем књижевних вредности, односно, свест о ширим и вишим аспектима са којима кореспондира књижевна вредност упућена на трајање, јесте онај изазовни али и облигатни услов за обновљене истраживања, налог који сме и мора да постави пред себе свако време. Један од могућих одговора нуде и ови огледи, инспиративни књижевни говор по себи, заснован на темељно осмишљеном концепту културе, традиције и песничког стварања, колико и на јасном вредновању најрелевантнијих појава националне књижевности, које, заокруженом вишеслојношћу или дубоким стваралачким променама остварују свој дијалог са савременошћу.

БИЛО ВЛАСТИТЕ ПРИРОДЕ

Азбука Живојина Павловића

Прозна дела Живојина Павловића, изузимајући она магистрална (приповетку и роман), његова аутобиографска, мемоарска, дневничка проза – чију суштину чине есеји, белешке, записи, о уметности у првом реду али и о најразличитијим феноменима друштвених збивања и живота уопште, од најранијих књига (*О одвратном, Белина сутра*) до новијих (*Флогистон, Балкански џез, Испљувак пун крви*) управо том двојношћу исказују аутору најближу меру учешћа у матици збивања или пак кристализацију особених ставова књижевног и естетичког реда. То учешће на које аутор има право у властито име, као судеоник живота и уживалац у уметности, а не само као стваралац, представља оно нужно попуњавање простора које се у Павловићевом случају увек изнова јавља у потреби да се заљубљенички, али и антиутопистички однос према свету ухвати у најразличитијим видовима и нијансама, да се опијеност витализмом искаже чак и онда када стварност неумољиво показује своје не увек лепо лице. То сенчење, које се не да увек и до краја освојити филмским или ликовним изразом, ослања се на реч и на њену филигранску технику. Књигом *Азбука*, Павловић иде још даље, задирући у другу страну свог књижевног писма, које у најинтимнијим и најранијим сећањима разгрће потку свеукупног његовог осећања света а тиме и прагове његових уметничких и хуманистичких опредељења.

Ако је креација у Павловићевим прозним делима, најсажетије речено, *фикција живота*, где плод маште има привид стварности, онда је *Азбука* заправо окретање те медаље – до краја доведена потреба, увек присутна у делу овог аутора, да се и у фикцији ослушкује било властите природе. Замишљени модел у овој књизи ишчезава, под словним ознакама азбуке указују се живи мемоарски акварели у којима имагинацију замењује најличнија збиља, апсолутно право да се ослушкује властито биће, којем није придодата аура имагинарности већ дубоки одјек контемплативности.

Целовитост, привидна нерањивост и заштићеност, пуноћа и јасност првотних доживљаја, сваког неизбрисиво упамћеног детаља и чина, што под окриљем завичаја, блиских предела и бића и ваздарађајућег моћног стабла природе сугеришу снагу самоспознајног освајања животне пустоловине и одговор за непредвидивости њених могућих путева – под налетом успомена, у непоткупивом шумору наталоженог времена, развејавају привиде и жаре се у својим елементарним суштинама. У лиричности ових записа нема стога разнежености ни патетике. Њихова тананост отпорна је мрежа разапета између непатворености раних спознаја и повратне контемплацијске згуснутости која обавија успомене, белутке-темељце што творе једино упориште индивидуе у свету пролазног. Ти сокови родног тла, подведени под азбуку неопходности животног описмењавања, та стишана ода лози, опстајању, калемљењу, расту и рачвању, корену и травки, златним спокојима обала – географски је и емотивни простор сажимања трајних истина, онај који оснажује и обнавља унутарње светове и чини их магијски плодним и у чину преобликовања, расађивања у нове мисаоне и сензацијске сплетове, нове мотиве, токове и одблеске Павловићевог књижевног разбоја. Отуда завичајна Вратарница и обале Тимока могу да се нађу и у једној прецизној али посве имагинарној карти Источне Србије, на завршним страницама Павловићевог романа *Вашар на светог Аранђела* (Свјетлост, 1990). Дух тога завичаја, опасан именима измишљених градова и река потпуно је стваран, као што многи фиктивни Павловићеви јунаци дишу мирис трава, планински ваздух, или помећу једне збиље која је најснажније заталасана управо његовим раним памћењем, његовим доживљајима душе и чула, интелекта и духа. Па и оно нагињање над вечите расколе између *йустолине* и *смисла*, стварања и самопорицања, пријањања уз непрекинуту вињагу стрепње од ишчезнућа и напоредо трагање за потврђивањем и миром – над тим тако личним и непромењиво општим законима који ломе судбину Павловићевих јунака, у назнакама и пастелним тоновима назиру се у преплету опојности и благе опорости медитативних талога ове прозе. То прожимање најснажнијих одговора тоталитету изазова спољног света, опијеност *чудом йостојања* и жеља да се оно обујми, да се вишестраничност, па и оштрина рубова реалности ни за тренутак не испусте из вида, да ни у опчињености ни у збуњености не промакне талог искуства, а да у горчини спознаjâ не ишчили и лепота, творе поетику фиктивног и стварног чак и у призми најтамнијих доживљаја, заувек усвојених, из којих је готово немогуће разлучити људску и уметничку, моралну и естетичку визуру.

И ја, као и моја мати, посматрам свет. И дивим му се. А људима се чудим, као каквом ретком растињу: умеју да ме обрадују, као што ме, каткад, озари сунчано јутро. Али их се и плашим, јер ме онеспокојавају: људи у мене уносе страх, сличан страху од природних непогода. Одушевљавам се човековом виталношћу; међутим, уверен сам да је ближи смрти него животу, и трпљењу него рађању. Зазирем од њега зато што је пре за муку но за радовање. И гадим га се (као што се и себе каткад гадим), предодређен (као што су остали људи, проклетством, предодређени) за распадање, а не за бесмртност – утопију којој, упркос свему, чак и по цену живљења, најбољи вечито теже. (. . .)

И ја га гледам. Посматрам му ход; руке којим обделава земљу и копа гроб; очи којима гледа сунце и нишани преко пушке, уста којима жваће хлеб и љуби жену. Гледам га, и не могу га се – опчињен, али и збуњен – нагледати.

(АЗБУКА, стр. 33–34).

Флуидност сна, треперавост успомене, Павловић преобраћа у трајнији бруј лиричности, као што метафизичкој раслојавајућој димензији времена и елементарној човековој располућености на сањарско и делатно, ништавно и узвишено које потреса и његове јунаке, одговара потрагом за чврстим упориштима духа, укорењеним у непогрешиво ослушкивање здравих, опстајућих и надграђујућих животворних сокова Природе и вековних закона Тла.

Зато гледам и кад су ми очи затворене умором или сном, јер морам да видим и оно што се уистину не може видети. И ослушкујем и када су ми уши заглухнуте гласовима свакидашњице, јер желим да чујем и оно што је немогуће чути – брујање ништавила и песму вечности. И, ма где да сам, и ма шта да ме у тај час опседа, хитам, гоњен љубављу, ка бојама и мирисима источне Србије. Ближим се људима што под њеним небом живе и догађајима који су се у тим забитима збили. Јер све то, што представља срж живљења, спасава ме помодности у стварању и површности у размишљању. Ја носим сокове земље у својим жилама; не желим да се обескореним, ма колико ми дух узлетао у облаке, а тело тонуло у глиб. Остајем на место с којег сам и поникао.

(АЗБУКА, стр. 31–32)

Реченица, најживљи ослонац Павловићевог прозног исказа, у овом делу је умирена, окренута празничном звуку успомене похрањене у појединачној речи, или у малим сазвежђима истог тона. Павловићевски живот у замаху, у силовитом току, виђен са дистанце путника који залази у непознато, овде је заустављен, приближен средишту као огњишту; дистанца је ту немогућа. Присни призори, виђени изблиза, кроз окна са којих је скинута измаглица даљина и заборава, жижа су преламања унутарњег света у вишеструку поетичку призму, назначену и у књизи *Језгро најешости* (БИГЗ, СКЗ, Народна књига, 1990, стр. 98): „Покушавам да живот покажем у свој његовој сложености. Посматрам га својим очима, доживљавам својим срцем, покушавам да ухватим својим умом (...)." Том језгру се аутор враћа у својој *Азбуци*, књизи која, иако невелика, заузима кључно место у разгранатом Павловићевом опусу, јер је садржана у свим делима, постојећим и оним још ненаписаним, будући да се њена суштина, најаутентичније искуство, увек може разазнати и учинити дејственим, као племенита подлога за сваки даљи креативни чин.

ПОД АУТОРСКИМ ЗНАКОМ

Чишајући изнова Радомира Путника

Песник, прозни и драмски писац, позоришни критичар, Радомир Путник у својој првој књизи драматуршких огледа пажњу усредсређује на дела домаће драмске литературе. Иако распон који обухватају одабрани аутори (од Стерије до Синише Ковачевића) покрива период од једног и по столећа, сваки од огледа нуди посебан прилаз драмском писцу и његовом делу, који заобилази манир исцрпног историјског ситуирања и доказивања познатих полазишта о месту и значају које имају. Под ауторским знаком *читања изнова* Путник трага, из аспекта често необјављених или мање познатих дела, за потпунијом потврдом не толико укорењености писца у време и простор колико за његовом укорењеношћу у *саму лишерашуру*, која представља једини критеријум за преиспитивања виталистичких принципа дела које свака сцена и свако време изнова траже.

Тако двадесет Стеријиних реченица из његовог за живота необјављеног дела *(Родољуици)* за Радомира Путника постају убедљива слика у малом стваралачког замаха у градњи *архешиша шсихе* и *архетиӣа менталитета,* препознатљивог и у данашње време, као што се Нушић, Путниковом анализом до данас неизведене драме *(Опасна игра)* утврђује као суверени драмски стваралац, чиме је заправо условљена и његова комедиографска зрелост. Изводећи под смирено и изоштрено аналитичко светло и оне драмске писце који су на размеђи два века остали у сенци а које једна „хипотетичка историја српске драме" (коју Путник прижељкује и као стварну) по његовом мишљењу не може мимоићи (Милица Јанковић, Јаша Томић, Драгутин Илић, Ранко Младеновић, Никола Трајковић и други), Путник настоји да аргументацију за њихово преиспитивање понуди из виталистичког обзора из којег на домен српске драме у целини гледа, налазећи у често неизведеним, заборављеним текстовима, или пак онима које је критика прогласила слабашним, основу за уверење да они, у свом тематском, мотивском и стилском опредељењу, а посебно у промишљању извесних проблема којима се не може ни данас оспорити актуелност, свакако представљају већи изазов но што се то генералним сврставањима може наслутити. Женско питање – од грађанског до футуристичког поимања (у драмама Драгутина Илића, Војислава М. Јовановића, Душана Васиљева и Јаше Томића), еротизам (у осврtима на драму Милице Јанковић), амбивалентност човекове природе и тежња ка елементарним просторима људске слободе (у тумачењима Александра Илића и Душана Васиљева), неки су од могућих примера ове врсте који уједно означавају делима ових аутора и природну историјску спону између класичних и модерних стваралаца наше драме. Њене богате могућности, у најбољим изданцима новијег времена – а један од њих раскошно оркестрираном анализом предочава Путник представљањем стваралачког опуса Душана Ковачевића – воде, између осталог, и синтези стваралачког геста који је у Стеријином кључу, препознатљив по новој кованици подругљивог друштвеног архетипа, са снажним нушићевским концептом изградње групних или индивидуалних комедиографских појава, оних реперезентативних виталистичких портрета најчешће негативних јунака – као широком чину театарског обнављања драме као комплексног суочавања са историјским и друштвеним тренутком, колико и са оним ванвременим у човековој природи. А енигму Синише Ковачевића, као другог репрезентанта савремене српске драме, и као репрезентанта друге могућности стваралачког приступа, Путник разрешава издвајањем из нивоа његове контроверзе и „бласфемичности" права на ново виђење, на сопствену уметничку истину, ослобођену свих – прошлих и садашњих – владајућих конотација.

Управо на примерима ова два савремена писца, као и у извесној парадигматичности са којом осликава лик Јована Христића у нашој театарској критици (посебно часописној), Путник истиче доминантне црте укупних стваралачких тенденција које маркантно омеђују распон од креативне надградње најпровокативније и најплеменитије баштине до самосвојног продора у ново, храбрости и мудрости са којим се брусе архетипови новог времена.

У јасно одабраној перспективи, смиреној аналитичности, којој није страно ни неподстицајно ни понирање у нијансе реплика нити у специфичност дидаскалијских детаља, у смисленом размотавању језгра стваралачке идеје и поступка, много пре но у повођењу за сумом књижевно-историјских категоризација, налази се неусиљени ослонац Путниковој ангажованој слободи истраживачког кретања, откривања новине, која слику о писцу употпуњује у његовој властитој стваралачкој шифри, и која, опет, омогућава да се управо у њеној дострујалој свежини препозна и оно време које чита и дешифрује.

Своју улогу аналитичара и тумача Путник је поставио и у шири контекст колико класичне толико и ангажоване функције озбиљних, непристрасних и савесних претраживања, у којим одлучује значај и самобитност дела, далекосежност његове идеје и визије, заокруженост и витализам његовог комплетног постојања – упркос свим условљеностима, друштвеним и историјским, биографским и личним, које Путник ни у једном тренутку не занемарује нити заобилази, али им као модеран истраживач разложно одређује место фона, позадине, контекста, не дозвољавајући околностима да надјачају само дело, струјањима конкретног времена да заглуше онај чисти звук урањања у живу прошлост, у вечито време стваралачког. Ова књига огледа показује да је Радомир Путник спреман да као истраживач ослушкује управо ово, живо ткиво драме, приближавајући му се понекад стрпљиво и дуго, и тамо где је с почетка видљива само нит, не препуштајући своје судове ни генералним сврставањима, ни владајућој оптици, ни случајној опасци. Успостављајући, усредсређено и прегнантно, везе између театарске прошлости и садашњости, Путникови драматуршки огледи постају и одмерени, савесно исписани трагови за будућа *читања изнова* виталних вредности наше драматуршко-књижевне сцене.

ВОЛУТЕ ЉУБАВИ, СТУБОВИ СМИСЛА

Лудило у огледалу
Живојина Павловића и Душанке Милановић–Зековић
Разговори о цивилизацијама, о религијама, о човеку, о животу
и смрти, о мржњи, о љубави

Иза богатог и разгранатог књижевног и филмског опуса Живојина Павловића стоји упечатљива поетика, која сажима и спличе уважавање највиталнијих и најконтроверзнијих сила којима се исказује човеково постојање и трајање, ауторово снажно осећање за спецификум једног животног тла – са којег је и сâм поникао – али и властити стваралачки темперамент и јасну, недвосмислену стваралачку мисао, која се напајала и надахњивала богатим врелима светске колико и наше уметничке и књижевне баштине.

Многи разговори, публиковани у штампи (а потом и у књизи *Језгро напетости*, 1990), управо указују колико је промишљање естетичких и не само естетичких категорија већ свега онога што их условљава, активни саучесник у укупном стваралачком деловању Живојина Павловића. Форма разговора је изазов којег се овај писац не клони, који му је чак, рекло би се, неопходан, као вид *дијалога*, у којем се непрекидно оживљава његово сучељавање са реалношћу, објективним догађањима и конкретним збивањима, али и са интелектуалним и креативним световима других. То сучељавање *са другим* у Павловића постаје и најподстицајнији вид разговора са самим собом. Књиге *Белина сутра* (1984), *Флогистон* (1989) и *Балкански џез* (1989), појавиле су се не само као видови необичне, хибридне прозе и дневничко-есејистичких записа већ су, имајући за предложак релевантност уметничких појава, видове естетичког, етичког испољавања, друштвеног понашања, представљале основ за својеврстан пишчев коментар и став, снажан и упечатљив *говор по себи*, о себи самоме.

Изронила из корпуса дневничких записа, осветљавајући извесне константе ауторових размишљања, и најновија књига Живојина Павловића, подстакнута разговором, креће се у широком распону који, пратећи прожимања или размимоилажења неминовности егзистенцијалног са слободама или спутаностима стваралачког, дотиче управо оне изоштрене тачке које долазе до изражаја у тренуцима најжешћих криза и преиспитивања категорија хуманитета, у временима највећих разарања, која са собом носе и највећу опреку човековом исконском инстинкту – инстинкту одржања живота и креативне искре која припада домену уметности. Тај апсурд сударања човека са самим собом, апокалиптички и нихилистички, у којем је, парадоксално, једина нада у опстанак он са̂м, потенцира колико неизмењивост и неумитност опште људске ситуације толико и њену унутарњу контроверзу, коју исказује индивидуални стваралачки отпор општем а коју кристалише лични поглед и став, *стваралачка судбина*. *Патос људског трајања*, о којем говори Павловић у свом надахнутом тексту о Малроу, поводом његовог романа *Нада* („Стубови смисла“, 1957) постаје утолико дубљи што је непромењивост категорија које одређују индивидуалне могућности и усмерености деловања потврђенија историјским, религијским, националним – укупним духовним, интелектуално-етичким па и естетичким претпоставкама уобличеним наслеђем и целокупним цивилизацијским ходом – унутар којих се испољава и одређена култура.

Из оваквих размишљања пониче и Павловићево класификовање цивилизација (зачето у књизи *Флогистон*), подела на цивилизацију *нужности* и цивилизацију *задовољства*, цивилизацију узгајања живота (женску) и цивилизацију оргазма (мушку) и тако даље. Ове идеје, које у фрагментарним записима нуди *Флогистон*, изнедриле су, уз начелне поделе, што унеколико оживљавају ничеанска разликовања (аполонијског и дионизијског), и Павловићево имплицитно заступање уметности *витално афирмативне*, „упркос привидној деструктивности“ – насупрот уметности задовољства, витално деструктивној, „упркос привидној афирмисаности живота“.

Новија Павловићева размишљања, потенцирана управо растућом паралелом апокалиптичке деструкције и страха од смрти као обележја данашњице, уобличују до још веће изоштрености унутар глобалних визија, па и рефлексивних подтокова, основна ауторова виђења дихотомије која цивилизацијске различитости рефлектује и на поља уметности. Тумачећи цивилизацијске профиле аморфије и кристала, настале деловањем двеју различитих сила (центрифугалне и центрипеталне), Павловић понавља претходно разврставање али и истицање: по свеобухватности, трајности, унутрашњој плодности и непрекидној турбуленцији, први профил је тај који је доминантан, трајан, рађајући, иако привидно непромењив. Он у себи, кроз искон и традицију, конзервира и друге делове цивилизације, таложећи „сигу и бигар“ у својим миленијским пећинама, а „када се сломи сталактит, у њему налазимо кристале“. Религијом, предањем и митом, ова цивилизација обједињује колективно и индивидуално и у њеној пролазној лепоти лежи и жеља за спајањем краја и почетка, кружни облик вечног живота, насупрот геометријској сврховитој усмерености и огољености, отеловљене хладним савршенством чији је највећи досег пирамида, коначност, дакле, смрт. Једна цивилизација се исказује орално, непосредношћу и потпуношћу изворног, примарног, које је у сталном току и преображају; друга је у изведености која тежи виртуозности. Једна је поприште стваралачког, чији су генији Достојевски, Лоренс, Фокнер, Бора Станковић; друга је темељ досезања генијалности форме (Џојс).

И управо на литицама глобалних визија (које евоцирају тезе о психолошким типовима, полу и карактеру, колективно-несвесном), у анализама појединих сликарских и филмских остварења, или пак књижевних дела, којима Павловић поткрепљује своје идеје, долази до изражаја пуна самосвојност и луцидност његових запажања таложених у дневничке свеске, провераваних наредним опажањима, брушеним у стаменост естетичких ставова и судова. Глобалне визије, као покретачи, готово да се топе пред снагом сензибилитета који на сопствени начин остварује своју борбу за опстанак, и времену расапа, таме, безнађа супротставља животност и снагу естетичких идеја у којима је плацента властитог дела.

Дамари искона, које у „чуду названом људско трајање“ Павловић препознаје у магијском ритму „балканског џеза“ и у набоју Станковићеве прозе, колико и у плодној аморфији која „ни из чега ниушта и ниоткуд никуда“ ипак хита да створи пуни смисао Фокнеровог света (како то аутор живо показује у књизи *Балкански џез*) – на новој равни искуства истог цивилизацијског круга кореспондирају са оживљавањем и вечним осећањем за индивидуалну честицу стваралачког језгра којој је дата творачка моћ. „Витезови смисла“ из Павловићевог *Флогистона* и у новој књизи су носиоци терета индивидуалног морала и стваралачког чина којима реализују чудо постојања, што и у малом и видљивом одсликава „вео космичке трансценденције“. Празнину бесмисла наткриљује Дело, обједињујући у себи противности сила самог постојања – његову физичку омеђеност и трошност, али и неминовну веру у неомеђеност и вечност творевине духа. Жудња за Делом продужени је израз виталистичке жудње – израз, дакле, истог зачараног круга, уздигнут, међутим, у просторе другачијег озрачења, у пуноћу и склад смисла који надилази „сигу и бигар“ животног дна.

Чежња за бесмртношћу или потврда смртног – пита Павловић. Одговор је, разуме се, двојак:
„Побеђује Материја.
Остаје Дух.“

Малроову наду у смислену борбеност удружених телесних и духовних моћи – као отпор животном фатуму – замењује у Павловићевиом размишљањима о витализму стварања *љубав* (поетично подсећање на Абелара, на крају књиге), као нужност измирења супротности – изнад оштрица сталактита и кристала – али и као одговор метафизичком плану – могућим спиритуалним узвинућем, доступним сферама уметности и духа.

Колико год се Павловићева размишљања о противностима цивилизацијских искустава, од религијских до културолошких, одликовала жустрошћу и живописношћу, књигу у целини озарује понајпре ширина ауторових хуманистичких погледа и његова поетика, па и чињеница да је и сâма настала као потреба за *разговором*, уважавањем другог и другојачијег смисла, толерантним разумевањем али и самоисказивањем без лажних уступака и малодушних мирења. Проистекла из благотворног уверења да распуклине света, чак и када су историјски и антрополошки неминовне (јер су одраз исконске унутарње човекове располућености), могу бити надвладане управо у просторима духовног бивања и спајања, она је резултат уверености у могуће постојање заједничког, општег добра, насушног искуства које припада малроовској *цивилизацији осећања*, у којој су корени дијалога и разумевања.

Под лампом у облику глода

У ЛАВИРИНТУ ОСАМЕ

Узмак Драгослава Грбића

Драгослав Грбић (1926–1983) аутор је неколико збирки поезије, есејиста, драмски и прозни писац. Његову рану књигу приповедака *Живи међу мртвима* објавила је Српска књижевна задруга у својој библиотеци *Савременик* 1956. године. У истој библиотеци истог издавача постхумно је објављен и недовршени роман из пишчеве заоставштине *Узмак*.

У много чему необичан, овај роман, и поред своје можда до краја неуобличене структуре и не сасвим дорађених ликова и њихових међусобних односа, показује да је реч о писцу који је врло јасно одредио основна књижевна полазишта и доминантну књижевну замисао. Већ и самом прозном фабулирању аутор прилази на особен начин, јер на плану развоја нарације он у самом почетку свог дела не најављује велике помаке. Напротив, као у прологу античких драма, саопштава се полазна ситуација, оно што би јунак желео да оствари, али се даје и јасан предзнак свега онога што ће остати неостварено. Та парадоксална ситуација носи у себи основну противречност која без сумње аутора превасходно занима, као *драмски запле̄т* који у спољашњим околностима само добија додатне изазове али и прилику да се рефлектује као доминантно, психолошко чвориште.

Стављен у оквире ратне ситуације и изоштрених дилема у којима јунак већ с почетка губи корак, не опредељујући се онако како је желео, и остајући по страни драматичних збивања (што је мотивисано његовом загонетном и неразјашњеном болешћу), роман прати унутрашњи глас јунака, који, покренут савешћу, започиње необично путовање, упућујући се у ускомешани живот и догађаје, међу непознате људе. Ова димензија пикарског, која јунака води кроз *живо̄тне прӣзоре*, још више наглашава његову затвореност, судбинску запечаћеност његове природе. Између њега и догађаја или других ликова постављен је стаклени зид. Иако се у призорима које аутор обликује као прозне медаљоне, моделе животних ситуација, карактери и домети људских реаговања јасно експонирају – они не дотичу Славков унутарњи свет или га бар битно не мењају: као што и његов тајанствени лик луталице и придошлице у туђе животе други увек стављају у контекст властитог хоризонта очекивања, који надјачава оно што би одиста потврдило његов профил и његову улогу. Без неопходне катарзичности самопотврђивања, међутим, читав Славков подухват завршава се где је и започео, у простору самоомеђености и отуђености из којег јунак не може да искорачи ни у прагматичност непосредног животног искушења, нити у сфере које би значиле потврду идеала, онаквих за које се бори, на пример, његов некадашњи друг којем је наденут надимак Исус, и којег Славко заправо жели да нађе, не би ли управо пред њим скинуо бреме својих одлука и опредељења. Он жели да пође „Исусовим трагом", али неко ко већ има ореол митског јунака и кога су остварена дела одвојила од осталих људи, превелики је искорак за Славка; његова опредељења нису тако јасно обликована у њему самоме, а мера његовог жртвовања унапред је одређена: „Желео је да испашта, али само толико колико то буде сам одредио, да доживи почетак неког страдања, а да из њега искорачи онда када више не буде имао снаге да га подноси." Та ситуација унапред одабраног узмака, која потире могућност да се животна авантура значењски и вредносно развија и мења, ефектно је потцртана симболичним сликама *црне иређе* и *замршеног клупка*, које уоквирују почетак и крај романа, као и симболичном функцијом лика *неме* рођаке јунакове, која га прати, појављујући се посебно у одсудним часовима његових одлука – прерастајући и у симболичне ознаке јунаковог судбинског, Паркиног клупка, немог и повученог бивствовања, неизмењеног као што је неизмењив основни закон његове природе.

Свака епизода кроз коју на путу пролази јунак ове прозе јесте својеврстан животни исечак, који има и своју животну логику, своје реално мотивисано покриће, а његови актери свој конкретни животни удео, чак и када показују мање светле стране своје природе; тако пикарска позадина романа још више истиче, у кулминационим тачкама (поређењем са ликом трговца или Исуса), обеснажени свет унутарње мотивације Грбићевог јунака, који *недостатком чина* брише могућност властитог потврђивања, као што његова *умањена воља* и ослабљени пориви успостављају колебљивост његових одлука и недостатност чина. Тако се још једном наглашава специфичан интелектуални и психолошки аспект прозе овог аутора, који и у ранијим делима као суштински и врло оштро и бескомпромисно осветљен проблем истиче инхибираност својих јунака и њихову неспремност да у сваком часу пруже свој непосредни одговор животном изазову и тако *чином* премосте безнадежност своје осуђености и бездан који их дели од света. Човеков природни заклон је његово дело, „нешто што би могао да помене као своје", вели јунак Грбићеве књиге *Подлац* (1959). Без тог самоостваривања живот је безобличан, једнозначно спајање почетка и краја, које наводи Славка, у Грбићевој прози *Недоба* (1971), да резигнирано закључи: „... још један дан у његовом животу почео је како он није желео.“

Подударност карактера (и имена) јунакâ две Грбићеве књиге (*Недоба* и *Узмак*) није нимало случајна. У извесном смислу може се рећи да је *Узмак* усавршенија и разрађенија варијанта претходне Грбићеве књиге. Обликовање поглавља као посебних, врло успелих целина, увођење функционалне поделе грађе, упечатљивих ликова изведених на универзалну раван књижевног типа (ликови сељана или, особито, лик трговца), игра лајтмотива, симболика предмета (клупко), бићâ, (нема рођака, пратилац човеков – пас), именâ (Исус), потом и двосмисленост која реалистички план изводи до границе сна, привида, илузије, али га исто тако обавија (из перспективе споредних ликова) велом животне хуморности и ироније, односно филозофије која се показује као контрастна поимањима главног јунака – показују да је *Узмак* крупан корак у структурном и стилском изграђивању једне исте психолошке основе у прози модерног усмерења, коју је Грбић истрајно градио у претходним делима, а којој је *Узмак* дао сублимнију и зрелију обраду.

Роман *Узмак* завређује пажњу као вишеструко занимљиво прозно остварење, али и као повод да се сагледа, у целини, удео Драгослава Грбића у освајању једног особеног простора српске прозе у протеклим деценијама њеног развоја.

ЗА КЛУПКОМ ДУШЕ

Још сам овде Драгише Калезића

После дужег ћутања (књига есеја *Еденски врт лажи* објављена је 1973), Драгиша Калезић се појављује са новом књигом, жанровски провокативном и енигматичном, која се са подједнаким разлозима може назвати аутобиографским или биографским романом, есејистичком прозом, збирком записа, или пак естетичким трактатом. Укрштање ових жанровских одредница увишестручује значења књиге у целини.

Разбијена нарација, распршеност приче, на пример, већ од почетка сугеришу основну приповедну перспективу – свет ишчезавајућих обриса, неухватљивих и недефинисаних унутарњих спона – те се ова проза може читати као модеран роман о дезинтегрисаној реалности која раслојава унутарње биће, притиснуто сликама повлачења општег смисла и осеком елементарних вредносних поља савременог света.

Укрштањем доживљаја и опсервација аутор гради један могући оквир повести о свом књижевном јунаку који се, у луку од традиционално стамених светоназора свог завичаја до ослобођене индивидуалности, отвара ка новом, неистраженом. Међутим, на тој равни приче израста и један од првих значењских отклона, где се рефлексивни и стваралачки потенцијали књижевног јунака уздижу али и ломе под апсурдом испразности и оковима нових друштвених стега или пред запрекама властите скепсе, рањивости, запретаних путева самоспознаје, тајанствених сплетова воље и отпора у артикулацији интимног и стваралачког бића. Отуда у овој прози непрекидно израњају контрапункти светлих и затамњених наративних сегмената, који оцртавају супротности општег и личног, могућег и неоствареног, али и значењска поља која се нижу из крхотина немилосрдне интроспекције колико и из луцидних аналитичких минијатура посвећених духу времена, нарвима, страстима и муци, али и лежерности и мртвилу живљења.

На подлози ове, сложено успостављене мотивске мреже, изничу нови сплетови који уводе тему о слободи и моћима уметности, али и спутаностима и запрекама оних који је стварају. Тиме се у изломљену и увишестручену наративну призму ове прозе уводи још један говорни модел, који се, уткан у целокупну приповедну структуру и њена значења, истиче формом и карактером диспута, естетичких теза које управо значењско ткиво осталих нивоа приповедања оспорава или потврђује. Дијалектичност приповедног говора у целини тиме најубедљивије повезује различита наративна поља и нивое, непрекидно супротстављајући вредности егзистенцијалних и естетичких поља или могуће нове вредности њиховог прожимања.

Калезић *креативно* јасно издваја као смисао личне и надличне егзистенције, али га види у неизбежности корелације са реално-егзистенцијалним исто колико и у неминовном огледалу парадигматског. Његов роман о мајстору цртачу може се схватити као биографија, али будући да се она у овој прози не може до краја разлучити од аутобиографског, и сама раван естетичких разматрања одише најаутентичнијим доживљајем заноса и опседнутости, опсена и стварности *живота и стварања.*

Аутономност уметности као естетичке форме, али и њен витализам који свој смисао и снагу неизбежно црпе из поретка реалног света и „клупка душе", у Калезићевој прози израстају у онај значењски слој који аутор остварује кроз најсублимније, али и најзагонетније унутарње спреге, реченицама андрићевске мирне мудрости – али и затамњеним регистром прозног исказа и психолошких немира у сенци Достојевског. Као што се и лирска фраза и њена лепа класична мелодија смењују у овој прози са жаргонским, опорим или иронијским обртима, или пак са складно исклесаним есејистичким пасажима на чијем дну опет исијавају тонови узнемирености и скепсе.

У свим овим стилским преплетима и недовршеностима, као и у жанровским пресецима, крије се драж ове књиге, модерне прозе коју читалац сам „склапа" чином одгонетања значењских поља њених фрагмената и слојева.

СРЕБРНИ РУБ ТАМЕ

Траг дивљачи Живојина Павловића

У роману *Траг дивљачи*, као и у неким претходним, појављује се лик Аљоше Јотића, студента етнологије, амбициозног интелектуалца, разочараног и поколебаног учесника и сведока догађаја 1968, и сина Благоја Јотића, мајора Удбе. Прича о овом јунаку се прекида у књизи *Лов на тигрове* (1968), као и замашном Павловићевом роману *Вашар на Светог Аранђела* (1990), који се иначе потпуније бави породицом Јотић, наговештавајући и у многом другом погледу да је реч о стожерном роману досадашње Павловићеве прозе која ће инкорпорирати у целину и постојећа али и најављена и започета дела.

Кратки роман *Траг дивљачи*, међутим, може се читати и као посве засебно дело, и чини се да у томе лежи његов чар, јер је реч о бриткој и бриљантно написаној новели, која је, у тематском смислу, усредсређена на прихватање *промењеног* идентитета Аљоше Јотића.

Остављајући по страни мотивско залеђе Аљошиног избора да у провинцијској забити и усамљеништву избе на планини Голеш потражи својеврстан самозаборав, Павловић у само средиште приче ставља игру светлости и сенки не само чудесно осликаног пејзажа, већ и психолошке клопке у којој ће се наћи његов јунак, прихватајући, као интелектуалац и човек града, улогу отпадника, с оне стране закона, диволовца кога прогоне, али у исто време и бегунца пред сваким иоле осмишљенијим видом артикулисања властите улоге и делања. Тврдокорност и цинизам нихилизма у који се заодева Павловићев јунак, било као пркосни бегунац потерама или као углађени и спретни келнер провинцијског хотела и локални заводник, како би одговорио свом осећању пораза, недовољној спремности да пронађе одговор психолошкој блокади и празнини, или сложенијем изазову пред којим би се могао наћи, истичу не само његов избор дивљине као усамљеништва, већ и дивљине као урањања у провинцијску хаотичност површног трајања, опијеног и кошмарног предавања затамњеној и анималној страни страсти, која целу ову животну сторију осликава као ходање самом ивицом таме и смрти, јер сваки облик опасне Аљошине игре – криволова или пак бруталне еротске страсти у миљеу провинцијске угаслости – одабран као вид самозаборава, у сваком свом виду обнавља исто – јунаково духовно самоубиство, као што и његовој средини омогућава да непрекидно траје у лажном животу, односно, мртвилу непронађених путева укључења у пулсирајући живот, који започиње негде близу, можда већ у првој варошици подно Голеша.

Но, уза све то, Павловићев роман је и пасторала, слика планинске белине, то је и љубавни и еротски роман, где се еротика уме издићи до сребрнастих пропламсаја најчистије сфере свог значења, и где се на тренутак протагонисти изненадне љубавне приче, Аљоша Јотић и професорка Марија Арон, разнежени истим призором зимске шуме и крда пролазећих јелена, приближују једно другом и уздижу попут птица у распршеном пределу или у чудесном плесу на леду исписују сребрне кругове обрубљивања и обгрљавања својих бића. Као и сама недирнута природа, Аљошу рањава благост, неискључивост, разумност и топлина, природност Марије Арон, коју он доживљава као ехо са дна свога непрекидно пригушиваног бића. Тај чисти и раскрављујући дотицај природности који зближава ова два осујећена и усамљена јунака, што су се неочекивано сусрела у дивљини, и стапа их са чистотом зимског предела, завршна је узлазна тачка пасторале, која ће се убрзо обрушити у таму, нагонећи своје јунаке, окрзнуте ињем неспоразума и размимоилажења, да поново прихвате своје маске и своје улоге, своја одсуства и изгонства из себе самих.

Повест о Аљоши Јотићу још једном бива недовршена, а игра светлосних преламања као магличаст сан надвија тмасте и недокучиве путеве живљења и људских богаза, пре но што утону у мрак, потенцирајући, још једном, токовима ове новеле, и оно неумивено и рђаво нашминкано лице стварности испод снежне белине, које промиче и плута у живљењу без кормила, добијајући инерцију негативног и разорног, и попримајући, у својој неуправљеној и неовладаној елементарности, примесе трагичности, фаталног самоуништења, које у Павловићевом приповедању, динамичном, колоритном, жестоко реалистичном, постаје тако павловићевски опасно, опојно ружно и заводљиво животно.

СТВАРНОСТ ФИКЦИЈЕ

Хлеб и страх Милисава Савића

Милисав Савић подједнако је успешан и као приповедач и као романописац. Објавио је до сада три књиге приповедака – *Бугарска барака* (1969), *Младићи из Рашке* (1977) и *Ујак наше вароши* (1977) и три романа – *Љубави Андрије Курандића* (1972), *Топола на тераси* (1985) и *Ћуп комитског војводе* (1990).

Роман *Хлеб и страх* сачињен је од мањих прозних целина, те се на неки начин ослања на технику грађења прича. У ствари, ови фрагменти, који су у неким другим, идејним и асоцијативним равнима, повезани у димензије романа, говоре о проседеу постмодернистичког обликовања грађе. То наговештава већ и прва реченица романа: „Прича је о мени, али исто толико и о другима, па се може причати у свим лицима.“

Међутим, лице које се најчешће појављује у књизи јесте Приповедач, односно, јунак којем писац такође додељује улогу писца. Његов животни заплет почиње у детињству, а приповедни рез га зауставља у зрелим годинама – да би уз делиће разноликог искуства, па и уметнуте приче других јунака, уз одломке из књижевности и штампе, опаске пролазних зналаца или пријатеља, а понајвише посредством властитих размишљања и присећања на судбину најближих (оца, мајке, ујака, стрица, жене) приповедне фрагменте свео на две основне теме: живот и књижевност.

Прича о провинцијском дечаку, одличном ученику кога управо начитаност и књишко знање „одвајају“ од живота а лепа књижевност изазива прва подозрења јер не слика ништа слично нимало лепом завичају – уобличиће два младалачка покретачка и пресудна мотива: да се уђе у срце ствари, у прави живот, а да се стварност освоји причом која је најближа реалности.

Али, процес сазревања Савићевог јунака започиње и одвија се сталним довођењем у питање наоко једноставних и општеважећих истина, па и оне да је лепа књижевност само фикција, обмана, а да је живот истина. Суочавање са збиљом завичаја, сиромашног живота поратних година, препуног идеолошких обмана, репресија, обрачуна, устоличавања једних (извиканих и ефемерних) и обарања других (најчешће необоривих, укорењених) вредности, Савићевом јунаку говоре о непродуктивности сваког тока преображеног у Систем, а уз то и да слика стварности произведена системом понајпре бива осиромашена, потом и замаскирана, и деформисана, диригована истином која је заправо изван истине. Склапајући епизоде романа, често духовито интониране и пуне самоироничног отрежњења, у слику о видовима стварности који изневеравају и злоупотребљавају човекове идеале и лажним рајевима удаљавају човека од његовог сна о слободи и срећи, Савићев јунак све више долази до представе о реалности као врелом угљевљу, које жари и пече, али које ваља осмотрити и додирнути *са свих страна*. Тако се младалачка тежња за одметањем, кроз завичајне планине, у срећнију будућност белог света постепено обликује у тежњу за неким другим одметништвом, за могућношћу ослушкивања истина̂, у чисто и просто распознавање истине у сферама човековог искуственог и креативног бивања, које повезује – *чежња и прича*. Обе су, у животу и књижевности, увек нове, непоновљиве, задиру у најранивије ткиво емоција и сталном својом променом прате рачвање оних бујица које чине живот, а које се не могу затворити ни у једну форму. Чежња за „другим светом" у Савићевог јунака, у ствари премошћује пут ка Литератури, за коју се већ зна да као фикција не може изменити свет нити појединачне судбине, попунити сва она важна места опустошена животним орканом, губитком најмилијих, али која има своје законе и своје снаге, од којих је свакако најделотворнија она која, заобилазећи општа места, животу одговара стварајући нове приче, покушавајући да изрази, али не и зароби, најдубље, и непоновљиво, и да тако буде најближа човековим исконским сапутницима – *сновима и ћутњама*.

У Савићевој прози смењују се збивања у родној Рашкој и у различитим крајевима света, слике пијачних тезги у Фиренци, Њујорку, Новом Пазару, разговори из провинцијских кафана и мисли познатих писаца, цитати из штампе и из књига – евокације догађаја који одишу атмосфером и уверљивошћу својих минијатурних структура и детаља, а који, гипкошћу нарације и динамичним смењивањем, лишеним сувишних описа и обиља речи, *преносе смисао* о непоновљивости сваког искуства, као својеврсног тока који се не може затворити ни у један облик и којем је потребно променљиво биће приче, као новог, прижељкиваног, још неизговореног, и по томе првотног језика, у којем су здружени *биће и облик*, којима се тражи могућност исказивања сталне животне промене као и најсведенијих честица људског постојања, као што су љубав и бол, страх и смрт, оне једноставне језичке формуле преношења древних, најтрајнијих трагова о људском постојању, незамењивих и светих, као хлеб и вино.

ОСВАЈАЊЕ СВЕТЛОСТИ

Страх од звона Радослава Братића

Говорећи, у предговору овој Братићевој књизи прозе, о ауторо-
вом приповедачком умећу запаженом и у претходним делима, а
посебно о збирци прича *Слика без оца* (1985), Мирко Ковач између
осталог каже: „Митски простор Херцеговине Братић откључава
као властиту кућу. Ту је самопоуздан, располаже богатом лексиком
и тајновитим гласовима. Има сопствени језик, Он у исто време
прича и слуша. Њега запањи ,величина наивности' док се трагичним
догађајима подсмева. Фантастично и стварно спаја на невиђен на-
чин. У стању је да исприча све што постоји и да опише све што
види. Понекад је меланхоличан, али чешће духовит. Сналажљив је
кад се нађе у ћорсокаку, све муњевито изокрене. Братићеве приче
су потресне, али он све чини да читаоцу олакша, па се служи досет-
кама и хумором. Патничко лице је увек Дечак, тај који ће сав ужас
испричати.“

Готово све ове прецизно уочене одлике карактеристичне су и
за најновију Братићеву приповедачку прозу. Оне се поново јављају,
али им је улога још јаснија, функционисање непогрешивије, склад-
није, у склопу сазрелог мајсторства казивања, пробирљивијих и у
целину приче егземпларније утиснутих мотива и чвршће грађе, сиг-
урнијег и разуђенијег приповедања, уз новоизниклу меру дистанце,
испуњену раскошним бојењем не толико спољашњег, кршног и
каменитог, у себе увученог крајолика Херцеговине, колико живо-
писне карактерологије протагониста света који још није умакао
исконском страху и који непрекидно обнавља своју архаичну али и
непосредну прошлост, не дозвољавајући јој да буде и остане про-
шлост, као да би без њених опасности, њеног усуда, остао лишен и
њене величајности, па и свог епског удела у њој.

Ту продужену архаичност, односно, архаизованост садашњости,
која у својој већ донекле преиначеној окамењености представља
бедем и заклон од старих али и новопристиглих историјских и свих
других зала́, којих никада и нигде није поштеђен људски род, па ни
херцеговачка забит, ту заклоњеност у мит, веру и празноверје, у
сталну располућеност на правду и кривду, светост и грех, страх и
узданицу, Братић види у универзалним димензијама људског стра-
дања и наде у спас, али истовремено, сликајући их упечатљивим ло-
калним колоритом завичаја чију душу познаје, он не може а да у
том усплахиреном јадиковању за прошлим а још увек у свој пуноћи
недосегнутим дометима правде и славе, као и у свакој престраше-

ности пред променом, не види и њихове праве узроке – неукост и страх, жељу да се невољама великог усуда одговори митском, увећаном моћи, уласком у легенду, тискањем у први ред тек исписане историје већ искројене по мери нових, често тек тобожњих хероја.

Проницљивост Братићевог јунака, Дечака, на чија се плећа сваљују све неправедности, грубости, превиди и самообмане којима одрасли скривају свој исконски страх али и немоћи, окривљујући га за непознату и безимену кривицу, грех старији и од њега али и од њих самих, носи у себи, заправо, дубинску призму пишчевог појачаног реализма. Његова приповедачка дистанца природно је здружена са јасним погледом широм отворених очију неког ко није равноправан учесник тог замршеног колоплета, те може да га види у јарком и можда истинитијем светлу, а да при томе само приповедање не остане лишено безмерне сете и хуморности са којима писац обавија свој завичај и свет сопственог детињства.

Но ако је свог малог јунака писац обдарио проницљивошћу и бистроумним завиривањем под плоху истинитости и праведности, узоритости и честитости света одраслих – здравом скепсом која види и даље од очевидног – онда га је истовремено задивио и једном од најнеуништивијих древних чаролија, која се вазда обнавља и напаја снагом самог казивања што рађа свакојака чуда, удесе и дивоте васколиког света. На том паучинастом умећу живљења које је *изнад* самог живота а ипак *у корену* човековог искуства, опстају и Братићеви јунаци, и, ако им је та могућност одузета („Човјек који је видио“), одузета им је, као Баш-Челику, и снага, сама душа. Братићев јунак, „онај који ће сав ужас испричати“, затечен је и сам чудом свог једновременог бивања у *два свеша*, света догађајног, о којем је позван да сведочи, и имагинарног, оног што се замеће, сплиће и расплиће инерцијом приповедања која га заноси и мами у поредак свог сопственог реда, закона и вредности.

Братићеви приповедачи се међусобно разликују колико се разликује и сврха и смисао њиховог приповедања. Тајанствени и неисписани закон мере у самој индивидуалној природи у устима приповедача од саме Речи обликује истину (сведочење) или заводљиву и прозирну нит дима, који на крају свог вијугања једва нађе почетак и испусти најдрагоценије зрно опипљивости, свог основног, истоликог потицаја (Гргур и Мијат у приповеци „Човјек који је видио“). Али и сама говорна игра може бити *догађај*, ако је њена језичка метафорика укорењена у било који слој искуственог, као што је потпуно неразумљива, и самим тим неделотворна тамо где јој недостају исписи истоветног искуственог набоја у слуху саучесника. У приповести „Бистра је вода у Требишњици“ постоји таква унутрашња прича, прича у причи, као *чисши језички сказ*, као маска догађајног (просидбе) али и догађај по себи, у којем је садржано све што је битно за причу у целини (зачињање, унутарња драматика, расплет) те се долазак тобожњих трговаца, језичко надметање, изазов и добијени одговор завршавају повлачењем придошлица. Тако је говор добио вредност и значење онога што се збило и као *догађање* и као његов дубљи и прави *смисао*. Или пак: језичка структура је, својим законом, осветлила и разјаснила нешто што је од искуствене важности а што се збило само за оне који су могли учествовати у одређеној комуникацији. У очима Дечака, све је било *чиста игра* у којој тек накнадно разазнаје смисао и поруку, док су за остале учеснике у причи и игра и значење у основи једно.

Вишеслојност искуства је успостављена мера разумевања сваког саопштавања и она ће Казивачу омогућити не само да оно што казује уздигне до новог догађаја (имагинативне творбе која спаја реално и наслућено, невидљиво и недоживљено) већ и неопходни додир сагласја и разумевања између Казивача и Слушаоца, без којег је свака дописана стварност унапред осујећена и недејствена. На тој искуственој полифоничности која једина, као заједнички именитељ, спаја све што је расуто – раздвојено на сан и збиљу, на овај и онај свет – обједињени су и исконски човеков страх али и неукротиви порив да се сагледа друга страна видљивога, оно што претходи рођењу, оно што је иза смрти, да се зађе у непознато, у тајну. Напор Казивача да васпостави поредак у хаосу, да расветли, да одгонетне, али да, такође, заподене нову загонетку нове стварности, мора да зађе у камене процепе древности обрасца, вазда обновљивих и важећих архетипа искуства, али и да хвата корак са сваком променом, па и оном насталом по налогу унутарњег закона свог сопственог, новог казивања. Та полифоничност, која тежи самоспознаји, свом одразу у огледалу, једина је достојна да стане испод оног моћног, у себи самом разуђеног и разноликог бруја звона који прати Братићеве јунаке и наткриљује њихов свет, а у којем и онај који прича и онај ко жели да чује подједнако морају бити спремни да разазнају сваки појединачни звук, пре но што распознају свој удео у огромности целине, пре но што прихвате знак о свом послању као учешћу у свеопштој тајни, знак који једини може да одагна страх од тајне.

При томе је и сама лексика овог дела, веродостојан речник херцеговачког краја, уведен у нарацију у широком регистру веристичке, хуморне, иронијске, маштарске креативности и функционалности, основа за непрекидну вибрацију приповедних аспеката, за њихово прожимање и преламање. У том зачаравајућем језику гатки, урока, тужбалица, ишчуђавања и јадиковања, Братић осликава својеврсну снагу преживљавања заборављеног и себи препуштеног митског света, који управо том снагом надограђује своје истрошене и преживеле обрасце.

Али, казивање је, као и стварање, индивидуални чин, који има снагу згуснуте отпорности и витализма заједнице, а који, да би се потврдио, мора да се супротстави обрасцу управо својом индивидуалношћу. Стога су најлепше Братићеве приче сачињене на успелом транспоновању порука о незамењивим вредностима индивидуалног креативног чина, који је раван оним чудима и лепотама које урастају у колективно, као његово ново наслеђе. Прича о мелодији извученој из дрвета („Мајсторова рука“) или пак о пресељењу манастира који је било немогуће изнова „родити“ у истоветном обличју, а који се родио управо када је за њега успостављен и нови поредак градње, најпоетичнији су израз вере у стваралаштво као најпоузданији, тешко освојени, али непоновљиви пут освајања светлости од таме, замицања под звоно, у светост и неповредивост постојања Дела.

У једном недавном интервјуу Братић каже: „. . . она тачка где се додирују живот и књижевност јесте граница чудесног у којој једино писац зна, или боље рећи осећа, сва правила новог реда“ (*Политика*, 5. јануар 1992, стр. 17). Црпући из готово невидљивог, а ипак живописног и животодарног извора, који напаја свет његовог завичаја – из лексике, језичког чарања, легенди и веровања – више но из самих догађаја, Братић се, са прочишћеном и снажном зрелошћу приповедања, приближава формули која реалистичност темељи на магији флуидног али дубинског наслеђа, на новом поретку односа између демистификованог света сећања и прошлости али и креативног замаха инспирисаног зачудним врелима искуства сачуваног у енергији језика, као и у тајном сагласју знамења индивидуалног и општег, прошлог и универзалног.

ПОД ЛАМПОМ У ОБЛИКУ ГЛОБА

Астраган Драгана Великића

Несумњивим познавањем наративних могућности модерне прозе, од џојсовске епифанијске функционалности детаља до постмодернистичке разградње очевидности и захватања са дна, у преплитању стварности и тајне, разбијањем њихове једнострукости (и разбијањем једног жанра), од ониричке и психо-еротичке затамњености до искрења јасних есејистичких пропламсаја који

нуде најпрозрачнији али и најуздигнутији план приче, озарен медит-
еранском стрпљивом благошћу и концизношћу у духу модерне
италијанске прозе, до неумољиве отпорности подлоге коју гради
сам факат, Драган Великић је припремио инструментариј свог
романа *Астраган*. Ова сложена приступница окриље је тематских
рачвања у којима појединачна судбина, па и праменови једне поро-
дичне хронике неизбежно урастају у фон историје и културе, посеб-
но Балкана, што истиче, неизбежно, постојање на трусном тлу, хиб-
ридно у настајању и дивље у неоплемењеном расту, које управо у
том чуду своје природе и опстајања тражи и нове романескне
фреске (а у уводном делу романа Великић осликава управо једну од
најуспелијих у нашој савременој прози), да би у том цивилизаци-
јском и културолошком простору утемељености без директног
потомства, у слојевима дохујалим укрштајима, пружио подлогу за
анализу једне лелујаве судбине, постављајући њоме и питање гло-
балне судбине овог дела света, украј вратница Европе и новог доба,
али и питање цивилизацијског и културолошког аспекта опстајања
и будућности уопште. Проверавајући, наиме, применом одређених
наративних поступака и њихову резонантност на плану идејних
аспеката којима се бави, Великић истовремено ставља на пробу
основни концепт и хибридну форму свога романа, који, након
искуства модерног и постмодерног доба, ван сумње, треба да пону-
ди, обиљем могућности и нововековног наслеђа и неке нове могућ-
ности додира, обједињујући њихове потенцијале у значења и ком-
плексне одговоре које човек данас тражи као сазнање о себи само-
ме и о његовом *сада*, преиспитујући на тај начин и могуће ослонце
будућности.

Стога се немоћна загледаност главног јунака романа Марка
Делића у невидљиву опну ненаписаног романа, у *празнину*, која
подразумева и непопуњена места из његовог детињства, колико и
из прошлости његових родитеља, попут синегдохске мрље увећава
на празнине као опсесивна места читавог једног затамњеног исто-
ријског раздобља, у којем релација празнина – досје подразумева не
само непрекидни круг лова и уловљених, већ и дубинског засецања,
непоправљивог оштећења, у којем су сви протагонисти игре (уна-
пред зацртане потезима „картографа“) једнаки: својом неис-
пуњеношћу празнина окривљује прогонитеља као што иза сваке, па
и недужне „непокривености“ прогоњеног мора стајати судбина
једне нове *жртве*. Са обе стране ова судбинска игра празнине-тајне
је погубна, и у њеном уздигнутом продуктивном слоју (фабрико-
вање карти света), и у подземном (прибирање бескрајних изданака
подземних тајни), свет се премрежује невидљивом мрежом кривице
и казне, која празнину храни новом празнином (уклањањем, ишче-
завањем), али и највећом жртвом положеном на олтар оданости

систему – ништењем индивидуалности, оболом који подразумева тоталну празнину. У наборе картографског равнодушја може да се уклопи једино равнодушје празнине и непостојања, опијумско брисање појединачности, религијом колективног сна, увек новом потрагом за светим ковчежићем тајни, окренутој *читању уназад*, без дна, ка бездану жртвава као маси појединачности.

У генетском укрштању горштачке отпорности оца и медитеранске мекоте мајке, Великићев јунак губи своје зрно отпорности у фаталном преклапању мистичног из оба дела свог породичног стабла; из очеве професионалне оданости конспиративном и иследничком и мајчине дубинске сензуалне везаности за тајне отпонце њене природе. Уводећи, побочним ликовима, преко оба дела породичног стабла, истоветну идеју безмерне неутољивости са којом тајна гута упорне одгонетаче смисла игре коју нису сами замислили и у којој су тек последице (иста опседнутост истраживањем коровског растиња Рудолфа Грабнера, „важног човека Лењиновог круга“, којим је засењен Марков отац, као и Јосипа Балде, дискретног ерудите и хедонисте медитеранског кова, који као мајчин рођак и интимни пријатељ који у многе животне тајне, па и у тајну организације поклоника маслачка уводи Марка), у суштини су посредници у ауторовом исказивању идеје о оживљавању историјског архетипа, који израња попут санте леда, увек тањи и блеђи, но задржавајући идеју револуционарности и њене циљеве, дајући нове боје општечовечанским обећаним рајевима и опскрбљујући своје митски уздигнуте механизме снагом нових „спавача“ и „ходача“, чији се идентитет у потрази за крајњим слојем тајне бескрајно тањи и напокон ишчезава.

Примамљив и умирујући сјај лампе у облику глоба (дар Марку од Јосипа Балде) симболично расипа око себе светлост могућег космополитског обгрљаја света, над великим цивилизацијским (колико и Марковим личним и стваралачким) зјапом, који Великићев јунак прекрива идући путем што изједначује *протагонисту* и *посматрача*, заносећи га опојем из змијолике боце вина са састанка „картографа“ на Каприју који се шири и у новом заносу поклоника и поданика нове вере и затомљујући и последње зрно индивидуалног отпора, надрастајући суштину: *тајну властитости*.

Великићев роман, наиме, пред исту „ишчезавајућу ауру“ времена и простора стварности, а самим тим и уметничког дела, ставља и свог јунака, неоствареног писца, колико и његове исписнике, житеље велике куле празнине са краја века. Избор између бића и ништавила, међутим, није измењен чињеницом да је опна дела тако прозирна да и оно само бива део неисписане опште празнине. Судбина дела, као и свака друга судбина, заробљена је властитом „ваздушном химером“ која оснажује у првом реду властити интегритет, излучен из пређе сопствених илузија и сања, ослоњених о копно стварности, али пониклих из простора *ствар- алачке воље* која стоји насупрот *вољи за моћ.*

Између два Владимира (Иљича и Набокова) стоје две раз- личите форме завођења и непомирљиви простори различитих поимања игре шаха, од којих једна кроји потирање као дословну судбину другог (увек новом празнином), а друга простор илузије узима као полазиште своје животодарне игре духа и смисла. Једна тражи равнодушност, друга дистанцу посматрача. Једна мери свет распоном картографије, друга меланхоличном рестаурацијом ми- стичне топографије која се исказује распоном лептирових крила. Интимни ослонац, још увек опстајућа душа, заштитна овојница ембриона стваралачког бића, не може се уздићи ни оснажити при- пајањем неком другом бићу. Чуда укрштања суштинâ не постоје. Уметничком је довољна али и неопходна властита суштина.

Пре но што сан о хуманистичком препокривању планете може да се назре као тачкасти низ на перфорираној траци између вечне, обновљиве прошлости историјског и неисписане будућности, зјап мора бити попуњен прогресијом стваралачког, која ће испод лампе у облику глоба уместо ништавила (непребројних жртава) при- ложити настајање, односно дело.

Са овим, у нас већ у Киша исказаним неповерењем у историју и отварањем ка форми (делу) као естетичкој и духовној парадиг- ми и могућности опстајања, Великић уметнички чин и питање његове независности види у ишчитавању историје као опомињу- јућег „хука предака“, а не његово обнављање, те тако овим рома- ном отвара битна питања данашњег интелектуалног и културног обзора и у равнима романескне метафоричности сугерише одгов- оре који, оживљавајући пошасти историјског наслеђа, подстичу интелектуални и стваралачки витализам, који мора да нађе путеве циркулисања и опстајања што не угрожавају интегритет есте- тичке особености и отварају се новој култури *читања унапред,* као стварања будућности.

ДИСАЊЕ ПОД МАСКОМ

Одмрзавање Милице Мићић Димовске

Крај шездесетих и почетак седамдесетих година, када се први пут јавља име Милице Мићић, означен је израстањем нове генерације прозаиста. То су године када своје књиге објављују Видосав Стевановић (*Рефуз мртвак*, 1969), Милисав Савић (*Бугарска барака*, 1969), Мирослав Јосић Вишњић (*Лепа Јелена*, 1969); Данило Киш објављује *Ране јаде* (1970), Мирко Ковач *Ране Луке Мештровића* (1971), а свој списатељски рад настављају Миодраг Булатовић, Момчило Миланков, Живојин Павловић, Павле Угринов, Мома Димић, као и други наши прозаисти.

У ово динамично и живо поље прозног стварања, које углавном одређују и турбулентно изнутра усмеравају мушки стваралачки гласови, две књиге приповедака (*Приче о жени*, 1972. и *Познаници*, 1980), као и роман (*Утваре*, 1987) Милице Мићић Димовске уносе један посве нови вид књижевног истраживања, који не само да је посвећен женским судбинама, већ га и исписује жена, али чврсто постављеним рукописом који изражава, подједнако, и сензибилитет и дисциплину, јасно уобличавање свог прозног модела колико и еластичност, комуникативност израза и спремност за суптилно преображавање класичних наративних образаца.

Перспектива сазревања и дозревања ове списатељице и сâм њен почетак – то чврсто формулисање књижевне визуре – чини видљивијим и јаснијим, а утолико се и потоње књижевно грађење показује као доследније и заснованије. Између осталог, о томе можда најбоље сведочи рана приповетка Милице Мићић „Црнина" (објављена у *Књижевним новинама*, 1971), коју је Љубиша Јеремић укључио као једино остварење из пера једне списатељице у своју антологију *Нова српска приповетка* (1972).

Судбина женских ликова једне породице након очеве смрти, жена у сенци мушкарца, живот у сенци смрти, збиља у сенци фикције и снова, тегобност реалног али и тескоба психолошког, исказали су простором само једне приповетке све стваралачке импулсе и преокупације који ће и касније пратити развој прозе Милице Мићић и њену стваралачку особеност. Увек нагли и шокантни продор тамнине смрти у живот и позледа његовог ткива (различита доживљавања очеве смрти у психолошким сферама мајке и две кћери, потом и мајчине смрти у интими двеју девојака) за Милицу Мићић су повод да се преиспитају и много дубље димензије психолошке стварности: илузија о реалности коју увек изазива губитак ближњих (доживљај мајке: „одједном га је поново заволела") али и виталистички отпор пред смрћу и одбрана од мистификација које прете да подјарме живот (природни отпор кћери на лажне оболе конвенцији). У том међупростору, између деловања различитих објективних и психолошких сила, Милица Мићић налази могућности за градњу једног особеног креативног акцента. Ту где се наративни токови уливају у једну збијену, компримовану реалност, за њу ниче, и над приповедну ситуацију се надвија и знак опреза, застанка, опомињућег трагања за мером, поистовећен у овом случају са нараторкиним гласом. Исто значење доноси и супротстављено виђење улоге сна. Он је одраз збиље (изванредно опредмећење психолошке клопке коју доноси сан о већ умрлој мајци у лифту) као одраза животне тескобе, која није само мајчина, која прети да се наднесе, без заслуге и кривице, и на живот њених кћери; но у исто време сневачица му се опире, укључујући га у паралелни план својих демистификација, колико збиље толико и сваког сна („Чини ми се да их неко саставља, па их шаље мени“). Та могућност да се истовремено буде у најсплетенијим нитима реалне и психолошке ситуације, а да се гради психолошки застој у којем компримована реалност највише говори и значи, изнад којег се понајвише, међутим, узвисује ауторска дистанца, постаје једно од особених достигнућа прозног казивања Милице Мићић Димовске.

Мајчин лик у лифту, пресечен „ивицом црне сукње“, лик који подједнако припада сну и јави и који од јунакиње тражи унутарње разграничење, јасну и праву меру у односу на све што је обхрвава, показује како за Милицу Мићић један појам, једна ситуација, један *усек,* уводе не само причу о судбини већ и сплетове много шире, слојевитије и сложеније реалности, посведочујући је као писца који је очевидно ван онога што би се, као књижевни задатак, могло означити оквиром једног и само једног књижевног обрасца.

Као што је црнина – тај увек присутни вео и пратилац живота али и метафорички израз смрти – увела у рану прозу Милице Мићић двојну реалност и потребу демистификованог трагања за равнотежом и психолошким задобијањем субјективних простора, тако и у многим причама нове збирке детаљ има исту снагу *усека,* увођења у комплексно ткиво, у једну сажету али и убедљиву визију реалности.

У насловној приповеци збирке *Одмрзавање –* у лику Радмиле Јовановић, сустичу се густи, неотклоњиви токови једне збиље која је фактичка и психолошка, која је и реалност и мора реалности и која, са својих двојних обала, одређује и живот и смрт. Велика наративна култура Милице Мићић Димовске допринела је да трагичност и сложеност овог усека – читав један сегмент прикривене историјске прошлости (злочини мађарских војника у Новом Саду, масовна стрељања Срба и Јевреја и њихово скончање под јануарским ледом Дунава) – проговоре истиха, притајено, непатетично, попут незаустављивих потока крви које ће из априлског леда покренути пролеће.

Десет приповедака Милице Мићић Димовске јесу ниска прича̂ о савременој жени, али и жени у драми преломних година и прелазних животних доба̂ – обхрваној проблемима сазревања или пак на самом прагу старења – у оба случаја несигурном пред променама које не може да предвиди нити да им се одупре.

Управо је ситуација дубоке несигурности општа преломна тачка, која ставља у фокус психолошки живот јунакиња ове прозе, али и њихов статус: између положаја младе особе која тек осваја своју могућу и започету самосталност, или је тражи у младалачком самопотврђивању, и оне која своје закорачење у професионални успех и урбани простор плаћа не ретким лутањима и погрешкама што умножавају тескобност и оптерећују савест, између ликова који напуштају, као истрошен и туђ, патријархални оквир породичне или маловарошке средине и оних који урањају у застрашујуће отуђујући простор нове осаме, хладног и равнодушног мноштва града – те тако и ненаметљиви план социјалне измешаности појачава основни, психолошки оквир ове прозе, узнемирујући у потпуности и до дна емотивно биће савремене жене какву слика Димовска.

Тескобност постаје елементарна егзистенцијална ситуација, будући да је основни избор који је пред јунакиње ових прича постављен избор између признања властите слабости или гушење и нестајање пред наносима самообмана.

И док признање властите немоћи доводи ове јунакиње пред сам психолошки крах, па и на руб живота, самообмане су залог крхке и варљиве усправности, самосвести и чврстине. Између слабашног бића и сна о успешности (победи над властитом раном или поразом), стоји посредничка маска, *живот-маска*, као одливак прижељкиваног обличја егзистенције, на изглед само отпорног на време, рањивост, позледе које уносе други или које доноси сопствено одмеравање снага. До границе фантастичног и гротескног ова маска је прирасла уз лик и нагризала природну кожу јунакиње прве приче у збирци – „Кожа".

Улога маске као посредника добро је замишљено и спроведено психолошко прибежиште, које омогућава писцу да гради портрете својих инхибираних и осујећених јунака, и да припрема ефекте демаскирања и разрешења судбине главних ликова поступком *изнутра*, без спољашњих и насилних расплета приче. Чин скидања маске или њеног спадања истовремено је *чин издаје* (у односу на успостављени систем одбране јунака) али и *чин објективизације* у односу на само приповедање. Дистанца коју писац на овај начин гради понекад се поклапа са дистанцом коју према себи заузима и сам лик, када се одважи да скине скраму своје вештачке стварности – аутор није случајно за поднаслов своје књиге одабрао форму-лацију „*козмешичке шриче*". Дубина демаскирања попут симбола-медаљона у причи „У своме роду" води јунакињу не само на дно тунела, већ и до руба самоубиства. Писање-маска као чин освајања у двоструком смислу (професионалном и чисто женском), неуспех одвајања од малограђанске средине и традиционалног положаја жене, јунакињу гура колико у бесполност толико и у потпуну обе-зличеност. Спас у оквиру породице налази се у срећном обрту из којега омражени, уско дефинисани положај жене, у мудрости древне истине о њеној увишестручености и могућих „седам жи-вота", из мајчиних уста прелази у танку могућу *ниш збиље, надвла-давања*, бар тренутног, изопштености и отуђења.

Управо у овој причи изнијансираност умноженог лика жене-мајке, као патријархално подређене и омаловажене „слушкиње", затим снахе, отпорне нове мајке, потом рођаке-травестита и, коначно, саме јунакиње, окренуте новој судбини – одражава фини списатељски манир, којим ауторка избегава реске линије и оштре подвојености, сликајући богат психолошки портрет, који није исечен и издвојен из свог претходног окриља и социјалног миљеа, иако из њега тражи неки свој, индивидуални, специфични пут.

Када се из равни нове књиге Милице Мићић Димовске читалац врати приповеци „Црнина", постаје јасно да је укупна визура ове списатељице, већ њоме постављена, приспела до свог зрелог уо-бличења, али и до својих изнијансираних, суптилних линија.

У две темељне, али и сучељене перспективе – живота и смрти, сна и збиље – а посебно у тачки где се неминовно у једном часу сустичу развејавање илузија реалности (фикције) и психолошка неспособност да се мистификација очува као реална подлога оп-станка, настаје не само приповедни врхунац већ и онај специфично креативни знак који припада књижевном писму ове списатељице. То укидање етаблиране реалности, засноване на крајностима, тај тренутак празнине, прекида, праска, указује да је креативна сугес-тивност и дискурзивна префињеност увела у само срце ствари, и да је главни јунак – заједнички свим причама – заправо поступак. Иза њега не стоји опште место – јунакиње Милице Мићић не ожив-љавају нити *архешиш* (класичну, традиционалну јунакињу) нити *сшереошиш* (модерну жену у оклопу женског писма). *Посшушак* је тај који сучељава и аутора и читаоца, кроз ликове жена (у којих је, како наш народ вели, девет душа, а које и рађају и сабирају суд-бинске меандре овога света) са свом разноликошћу *саме реалнос-ши*, са нитима мреже у којој нико није неуловљен.

Застој, опрез, привидна самоукидајућа празнина на пресеку крајњих тачака перспектива јунакиња, за писца је истовремено прилика да се на посебан начин искаже; то је повод за дистанцу: осматрање, чуђење, понекад иронију.

Тај опрез, један несаопштени позив на меру и уравнотежење свих планова збиље, од којих ни један не треба да је укинут ни закинут, да се не би међусобно потирали, да би се оплемењивали и стварали неопходну хармонију, још један је драгоцени акценат који, уз дисциплину форме и њено истраживање, подсећају на опрез, уздржаност и мудрост андрићевског казивања.

ОД ЖАРА ДО ЗВЕЗДА

Тавни дрвореди Ивана Буњина
Превела Злата Коцић

Приповетке нобеловца Ивана Буњина које чине збирку *Тавни дрвореди*, написане у тегобним годинама емиграције, уједно и на крају седме и почетку осме деценије пишчева живота, одишу миром и дистанцом са којима се писац упушта у расветљавање најсуптилнијих чворишта људске судбине. Приближавајући класичност и универзалност теме каква је љубав многоструком истраживачком огледалу које одблескује човекову природу – никад до краја заклоњену од непредвидивих заокрета као ни од загонетности усуда – Буњин се са притајеном радошћу упушта у списатељску авантуру истраживања неизмерних таласања и преливања ситуација у којима животност атмосфере, упечатљивост карактера, јасан одраз духа времена али и безвремена тежина елементарне и заувек важеће драме постојања готово у свакој од ових кратких проза досежу чудесан спој патине, племенитог духа приповедања, али и проницљиве загледаности у лице и наличје света: у сјај вечних човекових тежњи али и неотклоњиви терет традиције, друштвених и моралних спутаности, предрасуда, замки унутарњих запретености. Бритким приповедним резовима и обртима Буњин наглашава несазнатљивост и непоновљивост људских путева и тајну сваке појединачности – чинећи их уверљиво присутним управо у знацима њихове непрозирности и непрегледне различитости, која је сама по себи довољан извор драматских преламања и тајанственог зрачења.

А у чему је заправо тајна и суштина љубави, њена искра и њено буктање које толико тежи животодарности и поств.арењу, које су то границе које она својим моћима додирује и шири – ако дамари утихну, лепота свене а успомене ишчиле, ако нарави и путеви људске природе одједном узму други ток и оставе и забораве – повређене и презрене – дотадашње своје светиње? Ода љубавним моћима у Буњина се за тили час претвара у повест о погружености, ништавности, праху и смрти. Путени, страсни, жељни живота и жедни љубави, његови јунаци лутају и истражују, спремни да на коцку ставе част и порекло, уздржаност и стид; посустају или се уздижу у својим заносима. И ако их иза тога чека смрт у Еросу, сладострасна, заокружена, мала, и тада су испунили један вид своје судбине, трошне и земне.

Али Буњин је писац који са подједнаким замахом истраживачке страсти и дубином своје перспективе осветљава и противтежу оваквом поимању љубави – дакле, и светост њеног додира, вечност сећања („Позни час“), прозрачни и недодирљиви ваздух среће („Русја“), њено најдубље потврђивање – чак и када носи у себи рану или ожиљак („Тавни двор编и“, „Натали“), или када и у одрицању налази богатији унутарњи пут и гранање од онога који се прелети обичном стазом страсти и замете заборавом. Та двострука призма отвара нове димензије приповедања, у којима се све може осветлити и доживети и другачије, те изнад плоти засијају, на самом небу, најсветији одсјаји бића, или се искажу у потпуној инверзији уобичајеног поретка вредности: у причи „Хладна јесен“ живљење је само непотребан сан, а суштина његова је у ономе *иза*, у обећаном *тамо*, у непознатом, где су умрли драги, као што је смисао, у једној од најбољих прича „Чисти понедељак“ управо у одрицању и у отискивању у чисто одуховљење.

Из толстојевске разгранатости природних корена човековог родослова, Буњин ствара чеховљевску суптилност атмосфере, дијалог препун напетости у којој разрешење доносе скривени знаци судбине, подједнако смештени у дну бића колико и у случајностима и налетима догађаја којима Буњинови јунаци иду у сусрет или им се опиру. Поштујући разнолика обличја истинитости утиснута у људску природу, дух традиције и архаична веровања, али и неумољиве знаке историјских промена и померања у психологији савременог човека (а посебно жене), моралу, па и филозофији љубави, Буњинваја ликове у сенци вечне тајне преламања царства земног и небеског, тајне која се разоткрива у доследности и мудрости, али и у муњи случајности, у сплету животних околности, или, не ретко, и у самој смрти. Оплемењене до граница префињене имагинације и лиризма, сажете до минијатуре и до врха испуњене животном раскоши која, као у древној бајци, може бити окамењена и заувек изгубљена без праве речи или чина, лепоте давања или храбрости одрицања, са којима се човеку открива и коначна спознаја о њему самоме и смислу његовог послања, ова проза је крунисана причом „Бернар“, која одише утишаним, сведеним, али за писца без сумње кључним порукама о достојности живљења, спремности да се чини добро, на радост бога и људи, а из сопствене љубави за дело, *за сам чин стварања* – као најузвишенији израз човекове слободе, који, утемељен на једноставној племенитости живота и стварања и јесте најпотпунији израз његове природе.

Из такве, оплемењене љубави за само дело, настале су и ове приповести – чије све нијансе преноси превод Злате Коцић – одраз пишчевог дара што је зрелим плодом мајсторства и мудрости закрилио године сиромаштва и изолације аутора који је живот завршио у емиграцији (у Паризу, 1953), исписавши прозу за коју је и сам сматрао да представља његово најзрелије дело.

ЖУДЊА ЗА БИОГРАФИЈОМ

Сребрна чинија Сола Белоуа
Са енглеског превео Давид Албахари

Готово сви најбољи романи нобеловца Сола Белоуа објављени су код нас, наишавши на велико уважавање публике, као и другде у свету. Но, због селекције југословенских издавача, *романи* су у ствари ставили у засенак остала дела овог значајног прозаисте: његову есејистичку, путописну прозу, као и његове приповетке и драме.

Књига приповедака *Сребрна чинија*, објављена у Њујорку 1984, након прве приповедачке збирке *Мозбијеве успомене,* сада је, захваљујући издању Рада (библиотека „Реч и мисао“) и преводу Давида Албахарија, пред нашим читаоцима, што омогућује увид у мајсторску радионицу Сола Белоуа–приповедача.

Најбитније линије целокупног прозног дела Сола Белоуа успостављају се и на страницама његове приповедне прозе, у којој је први и темељан носилац њене динамичне структуре и унутрашње мелодије нараторовог или јунаковог гласа управо сам пишчев *језик*. Течан, запљускујући, звуковни одблесак савременог света, али и одраз узнемирене психе његових јунака, оптерећених пртљагом неистражене прошлости, нејасне садашњости и неодређене будућности, у исто време интелектуалан и пријемчив, одређен али и вишезначан, хуморан и судбински јасан, тај језик заправо јесте она барка којом се јунаци Сола Белоуа упуштају у своје најзначајније животне пустоловине, истражујући свет у себи, сучељавајући га са оним какав би могао бити, колико и са оним спољашњим, какав он доиста јесте.

Тај језик опсервација и интроспекције помирује ове две стварности у слику за којом јунаци ове прозе трагају као за сопственом *биографијом*, која се у поплави безначајности и бизарности живљења од њих удаљила и загубила. Организовани микрокосмос личног живљења једини је одговор безличности и неоформљености постојања која се у претећој али вазда присутној ефемерној *неизвесности* надвија над судбином Белоувих ликова. Сместити се у садашњицу, надвладати неиспуњену прошлост и будућност пуну страховања, као и у роману *Не йройусти дан*, заправо значи *овладати сшварношћу*. Ово, могло би се рећи опште место прозе Сола Белоуа, кроз четири приче збирке *Сребрна чинија*, појављује се ипак у новом светлу, за овог писца мање уобичајеном, метафизичком, где се живот сагледава у присуству смрти, или бар у оним етапама у којима се распон између рођења и смрти не жели мерити погрешним корацима. „. . . Бар могу да покушам да за једну смањим број мука свог загробног живота“, духовито овај став формулише јунак приповетке „Онај који не држи језик за зубима“.

Жудња за биографијом, као установљеним смислом и јасним распоредом вредносних окосница егзистенције, тиме се још јаче исцртава, на плану који не остаје у апстрактној равни. Напротив, и када се чини да тумарају у мраку, Белоуови јунаци, вођени искуствима која подразумевају и грешке, заблуде, повреде које задају себи и другима, зазиру од задатих лекција и нејасне општости идеала. Додиривање незацељених рана, визија света као поглед на таблоид пун опомињућих рђавих вести о распрслим историјским шавовима, угаслим међусобним везама, диктирано је, попут опипавања била оболелог, нагоном да се дешифрује оно што писац назива *мисшеријом бивсшвовања*, и да се пронађе сагласни спој са општим. Ова тајна, појачана *мисшеријом јеврејског ойсшајања* у свету који не само што му је довољно туђ већ није ни довољно свој, „свепрожимајућу неизвесност“ јунака ове прозе у често хуморној слици јеврејске традиције, отпорне на злехуде ћуди и извитоперења савремености, упућује на интегришуће заокрете, успостављање покиданих нити занемарених и заборављених веза, опстајање породице, целовитост живљења•– на темељу обичне, незамењиве и лековите – љубави.

Као што јунак приче „Рођаци“ за себе каже да има искуства са ранама које су се отвориле на телу човечанства и које жели да додирне властитим рукама, и сâм Белоу древним методом додира, блиског контакта са ранама овог света и распадом спона постојања, трагалачки и саучеснички, маниром писца хуманисте који жели да разуме да би волео и који зато што воли не одустаје, исцртава линију могућег чвршћег и племенитијег обличја данашњице, као заштитни знак свог целокупног прозног дела.

Пратећи пишчеву нарацију, у слојевима њене благе хуморности или ненаметљиве рефлексивности, као и говор његових јунака, динамичан, урбан, жаргонски, у духу интелектуалне досетке или јеврејског хумора, преводилац Давид Албахари је гипко и зналачким ковом пренео ону за Белоуа карактеристичну једноставну вишезначност колоритног а синтетизујућег прозног саопштавања.

СТРЕПЊА ОД ВАРВАРА

Ишчекујући варваре Џ. М. Куција
Превела Јелена Стакић

Правда: кад се та реч једном изусти, где ће се све завршити? Лакше је викнути Не! Лакше је бити премлаћен и изигравати мученика. Лакше је положити главу на пањ него бранити праведну ствар варвара: јер камо тај аргумент води него полагању оружја и отварању градских капија људима којима смо отели земљу.

„Овде код нас је мир“, одговарам, „ми немамо непријатеља“. (...) „Осим ако не грешим“, кажем. „Осим ако ми нисмо непријатељи.“

До објављивања прозе *Земља сумрака,* у часопису *Писмо* (пролеће, 1987), Џ. М. Куци (*J. M. Coetzee*) био је готово непознат нашој књижевној јавности. Овај данас гласовити писац светску славу је стекао током протеклих шеснаест година, а готово свака његова књига, почевши од најраније објављене *Земље сумрака* (1974), до каснијих, поготову романâ *У срцу земље, Ишчекујући варваре* и *Живот и дело Мајкла К.,* представљају потпун књижевни успех, овенчан и низом међународних литерарних признања. Међу његова последња објављена дела спадају романи *Непријатељ* (1986) и *Гвоздено доба* (1990).

Као јужноафрички писац-белац (рођен у Кејптауну,1940) и представник интелигенције која своје немирење са свим видовима неслобода отворено исказује, Куци овај ангажман неминовно заступа и својим еминентно модерним, вишеслојним и јасним, строго уметнички функционалним књижевним дискурсом. Његова специфична књижевна пројекција стварности и њене најдубље контрадикције историјског, друштвеног и психолошког реда, згуснуте су у приповести које своју уверљивост и снагу дугују понајвише искристалисаним ситуацијама укрштања готово митских антиномија и судбинским сучељавањима индивидуалног и општег. Иако своју нарацију Куци најчешће своди на редукован израз, лишен коментара и анализа, драматуршки набоји ових ситуација природно сами исијавају и чине да се повести главних јунака и њихова узнемирујућа преиспитивања, најчешће виђена у сфери најинтимнијег разоткривања, доживљавају као опсесивно сугестивни, а да општи, угрожавајући контекст њиховог положаја бива уздигнут као егземпларна матрица самог поретка нужности, хаоса и апсурда, на посве осебујан начин, за будућност куцијевски препознатљив. Куци ствара, наиме, сугестивну прозу магичне уверљивости, изван реалистичког проседеа, и прозу апсурда изван пуких апстрактности, која метафизичку неухватљивост али и неопозивост основних закона устројства човековог света проверава утискујући их у живу материју, у дух и тело, емотивне кошмаре и расплете, замке и отрежњења својих јунака.

Тај распон од убедљиво сазданог света тегобности, осаме, изгубљености и мучнине самоочувања, проналажења најминималнијег простора неугрожености и саживљавања са општим и спољашњим – до алегоријског, обезличеног и обезвремењеног казивања о апсурду и свемоћи, неповредивости и репресивности Система – основне су књижевне преокупације овог писца, који, избегавајући причу о политичком насиљу или историјском злу, прецизних хронолошких предзнака или локалних боја, говори о тегобности и злу неслободе као о универзалној али понајпре егзистенцијалној драми, под чијим притиском његови јунаци као под пресом саме Нужности најчешће бивају принуђени да открију нова, огољена и неочекивана сазнања о сопственом бићу.

Обрт у судбини и страдање главног јунака овог романа откривају не само претпостављену апсурдност механизма силе која се потврђује измишљањем непријатеља и увећавањем броја невиних страдалника већ се пишчев иронијски однос употпуњује утискивањем општег обрасца апсурда у свест његовог јунака, већ пометеног измештањем из колотечине заштићеног бирократског живота Царевине. Наклоност коју он гаји према непријатељском, варварском, у ствари митском свету, без промена, убрзо се препознаје као усвојена навика бивствовања у простору без изазова, у рају који ствара сама Царевина у доба мира. Тако се овај самозвани заштитник варвара, чије древне таблице скупља из хобија не разумевајући их ништа више но што може да схвати измучену варварску девојку којој његова старачка наклоност пре продужује муке но што их уѕлажује, у суштини показује као лажни побуњеник, који се не може окренути против оног истог система који је изнедрио и његов властити рај. Куци тако мења перспективу класичног сагледавања односа мучитеља и жртве. Кажњени заступник Царства под тортуром долази до своје оскудне „истине бола", која у суштини одражава само оно што је наследио као имплантирано системом, потребу да се ревитализује голо начело опстанка ("Хоћу живот једноставних задовољстава. Хоћу да више никад не упознам глад"). Жртва незанимљива и самим мучитељима, ван ширих идеала, он се не може искупити ни на једном вишем плану, те уместо катарзе доживљава враћање униженој разини свог света затомљених старачких потреба и елементарних права.

Невољко прихватајући лекцију о истини и лажи Царевине, о митском рају и зупчастом, сатирућем точку заштите индивидуалног и општег мира, Куцијев јунак још једном, дефинитивно, долази на тачку детиње илузије и самозаборава, плутања у средини временске матице, неспреман да прихвати и рубне оштрице тог истог историјског тока који га штити, али ни одговорност за свој неисписани простор слободе. Граница између *Пустиње* и *Царства* померена је и у недефинисаност личне судбине, у кавафијевско решење за однос слепих снага, мртвају лажног раја и самоотуђености, међусветове непостварености и недомашености, за омеђене хоризонте.

> Варвари наилазе ноћу. Пре но што падне мрак и последња коза мора бити утерана, капије зашипљене, у сваку осматрачницу постављен је стражар да извикује сате. По целу ноћ, прича се, варвари се смуцају наоколо решени да убијају и пљачкају. Деца у сновима виде како се капци на прозорима размичу и у собу злобно провирују дивљачка варварска лица. „То су варвари!" вришту деца, и не дају се утешити. Рубље нестаје са конопаца за сушење, храна из смочница, ма како добро закључане биле. Варвари су прокопали тунел испод зидова, прича се; долазе и одлазе како им се прохте, узимају шта им се не свиди; више нико није безбедан. Ратари још обрађују земљу, али на њиве излазе у скупинама, никад појединачно. Раде без воље: варвари само чекају да усеви крену, веле, па да поново поплаве поља.
>
> (ИШЧЕКУЈУЋИ ВАРВАРЕ, стр. 183)

Свет варвара пак, парадоксално, остаје готово неосликан. Он је заправо метафизичка и књижевна *претпоставка* која у организацији романа смисаоне планове његове приче чини и дејственим и потпуним и усаглашеним. Његова књижевна функционалност је, дакле, вишеструка и целовита. Он је наизменично фантомски *присутан* (када ревитализује и оправдава систем) и *одсутан* (када је систем довољан себи). Он лелуја пустињским простором у својој недодирљивости, лажној опасности и стварној несазнатости. Његова *нерашчиïаносï* има непосредну улогу у обликовању узрока и последица збивања, мотивацијског чвора у понашању јунака, али и у демистификацији његове психолошке структуре. Тако, на пример, *неодïонеïнуïо лице* девојке делом је симболична евокација јунаковог порива за „покором и одштетом“, али у исто време и одраз сопственог празног лика, самоотуђености и немоћи; привидно рашчитавање *неодïонеïнуïих ïаблица* а реално заувек несазнат варварски језик, одраз су иронијске ситуације односа између нецеловитости потицаја, недостатних моћи и недомашених циљева, стварних и замагљених страна Куцијевог јунака. У тајанствености и аутентичности свог (не)постојања, међутим, тај свет, и као фикција и као могућа реалност, у себе затворен и себи довољан, аутохтон је и стога изазован, он привлачи недосегнутом целовитошћу, опасношћу тајанства и слободе, која тражи да се његова целина дописује изнутра, поцртава аутентичном припадношћу и целовитошћу јединке. „Можда је ствар у томе што се мора преживети само оно што није исказано“, вели на једном месту Куцијев јунак, али очевидно неспреман за такву авантуру, он својој рефлексији домеће много реалнију слику. „Ако би варвари сад упали, знам да бих умро у кревету глуп и неук као какво одојче. А још би прикладније било кад би ме ухватили доле у остави, с кашиком у руци и устима пуним слатког од смокава заграбљеног из последње тегле у полици“ (стр. 214). Та тегла са слатким од смокава прикладно је отужан израз најужег компромиса, срубљеног самопоштовања, потонулих обзора, сасвим опречан оној тегли са бундевиним семеном коју налази Мајкл К., који у својој несигурној свести, захваљујући управо њој, налази одговор на аветињске препаде свеукупне реалности и дезинтеграцију свог бића. Та друга могућност, здравог опстанка, укорењености и стабилности, светлија је страна којој у свом мраку теже многи Куцијеви јунаци и која комплементарно осликава трајни проблем његове прозе: потрагу за виталним, оплемењујућим спрегом дела и целине, унутарњим реинкарнирањем снаге и креативним самопотврђивањем под немилосрдним небом разједињујућих муња овог света.

Куцијев јунак није ни херој ни трагична фигура. Бизарност његове наклоности пуноћи варварског (аутентичног, ванцивилизацијског) потире властите нецеловитости, као што искреност његове побуне зауставља нагонска разина самозаштите. У једном тренутку он верује да прелази границу ка ослобађању, он верује да баца рукавицу Систему, да би га на тај исти систем презрео чак и као жртву. Његова нецеловитост – побуна која одустаје, страст која се умирује, недовршеност акције и неоствареност идеала, ствара у повременим пропламсајима борбености и емоција последњу оазу дремљивог мира који спаја најугодније странице оних светова који су неспојиви, у полуистину, варљиви идеал. Та неукорењеност, из које нема ни измака ни раста, јесте суштинска репресивна метафизичност бедема – *граница унутар бића.*

Општи фон репресивности система и угрожености индивидуе овде се неочекивано сусрећу: ако репресија као деструкција душе непрекидно помера границу очекивања жртве и њено видно поље на непредвидљиво ниске прагове – до тачке која не поништава живот већ његов смисао, која не ништи нагон већ вољу (која није у биолошко-егзистенцијалном већ у надграђеном) – онда је пример Куцијевог јунака заправо кулминација апсурдности, будући да је структура личности његовог јунака импостирана као поље *ауторепресије,* где је деловање система готово непотребно, будући да јој је колебљивост и померање унутарње границе већ природно својствено.

Пустињска заметеност трагова који се више не назиру, на крају романа, пројектована је у најдубље психолошко средиште где се налази исто песковито сивило, брисање трагова, ништење као апсурд цицилизацијског императива самозаштите – безличношћу система и самозаборавом као апсурдом траженог беспућа.

Трезвеност и хладноћа Куцијевих порука које говоре о „нечем тврдом и непоучљивом" у човековом бићу, иронијском дистанцом одмерава дубине нових апсурда, наткриљујући их свешћу о тврдини и непомерљивим дометима историјских истина.

Све вредности ове прозе истиче и превод Јелене Стакић. Суздржан, иронијског набоја, једноставне синтаксе, али и са оном мером у исказивању атемпоралности, сажимања архаичности и модерности, која је тако својствена Куцијевом изразу.

САЗНАЊЕ БОЛА

Пут у Рим Алберта Моравије
Превела Александра Милићевић

Један од најчитанијих и најпопуларнијих писаца у европској књижевности, Алберто Моравија, рођен је у Риму 1907. године. Умро је такође у Риму, 1990. Писао је прозу – романе, приповетке и путописе – али и репортаже, филмску критику, коментаре. По низу његових сценарија снимљен је и велики број филмова.

У послератној етапи стварања, Моравија пише и објављује свој чувени роман *Римљанка;* 1955. године запажену збирку *Римске йриче,* а две године пред смрт, 1988, кратки роман *Пуш у Рим.* Моравијин круг тако се затвара око Рима, као стециишта живљења и књижевних тема.

Пуш у Рим је прича о двадесетосмогодишњем младићу који након мајчине смрти живи са ујаком у Паризу. Изненада добија позив од оца, кога није видео петнаест година, да му се придружи да у Риму наставе заједнички живот. Младић се отискује на тај неизвесни пут са скепсом, али и ширином и рањивошћу младог интелектуалца и неоствареног песника, који се поистовећује са Аполинером, понајвише у чињеници да ни он сам, као ни Аполинер, никада није упознао оца.

Марију се отац, дакако, указује као потпуни незнанац, али у стану, у којем је породица некада живела заједно, започиње не само очева исповест о бурном и узнемирујућем животу са мајком већ и склапање слике коју Марио носи као рано трауматско искуство везано за једну од мајчиних прељуба, коју она, чак, није била ни спремна да сакрије од дечакових очију.

Марио се заправо све више укључује у лавиринте очеве, мајчине па и своје тајне, подсвесне природе. Мајчина жеђ за авантурама, њена несклоност да то сакрије, тражили су не само страдање и трпљење у породици већ и саучеснике. Очева љубав и мирење тако су прелазили у посебан вид љубави, која потхрањује и активира најтеже бреме људског емотивног наслеђа, човекових страсти, нагона, подсвесних и неоткривених жеља као изворииште његових непредвидивих реакција и поступака – чији је циљ, привидно, само да утаже бол и одрже брак. Понављајући, сећањем, у причи сину, свој живот са женом која га је непрекидно позлеђивала а коју је волео, Мариов отац у себи открива и сажима улогу Отела и Јага и Ромеа, који опстају истовремено. Да не изгуби љубав, отац се морао уздићи изнад равни у којој га она рањава, уверен да је луткар који држи конце игре у својим рукама, он једино не може да поднесе да лутке започињу и свој живот, односно чињеницу да га игра може и превазићи, самим тим пониитити.

У жељи да са новом сапутницом и сином успостави поново породицу, Мариов отац свесно одиста жели једну чисту раван породичног живота, али импулси преживљеног усмеравају ту ситуацију у правцу онога што више никада, са пређеним искуством, не може доживљавати чисто, без невидљивих потеза луткара. Марио пак, у очевој вулгарно заводљивој изабраници, у мајци какву памти (у сцени прељубе која не искључујући сина подразумева и наговештај инцестуозности), као и у младој Алди, која га упорно осваја, види три лика једног истог бића којем се опире а које ипак воли и које му недостаје – управо и једино Мајку, у три њене животне доби. Као што и девојка Алда у њему жели да споји и покрије оно што одређује њен живот: недостатак оца и младалачки порив за правом еротском страшћу.

Пут у Рим има све одлике романа Моравијина дара и стила. Не само занимљиву фабулу, сплетове мотива, занимљиве дијалоге, већ и беспоштедну доследност у разоткривању карактера, страсти, читавог тајног подземља где је клупко из којег судбинама управљају конци непознатих или непризнатих богова, од којих је један за Моравију свакако Ерос, којем се често придружује и други, закон потирања и умирања. Питање зашто постоји бол Моравија је ставио у оквире приче о сазревању, будући да зрелост подразумева стварност и укупност закона који њоме владају, освајање радости живљења чак и кад оно подразумева патњу.

Пут сазревања Моравијиног јунака уводи у тајанствени свет људских односа међу којима је његово властито рано трауматско искуство заправо обред иницијације – *први бол*, чија се укупна тежина и значај нису разазнавали у време кад је настао, али чије се рашчитавање уназад појављује као свепокривајуће, јер обухвата и садашњост, па и будућност. „Повод је био нејасан и неразумљив, и то немоћно осећање бола отежавало ми је концентрацију... Задобио сам неизлечиву рану, иако нисам могао тачно да одредим шта сам изгубио и каква ми је врста ране нанесена.“

Очева прича, задобијање новог простора живота у свету одраслих људи, изазов који му је понуђен и који Марио прихвата из знатижеље и песнички чисте отворености, свет му приказују као нити мреже која никада не покрива рану, али не спречава људе да се и даље повезују, успостављају нове односе, уносећи у њих и наслеђе својих прошлости, своје већ претрпљене боли, али и способности да и сами наносе бол. Аполинеровска аура, поетика живљења писца „Алкохола“, Марију се више не чини као изазов који ће се остварити пуком имитацијом, већ као потпуно ослобађање за свет искуственог, управо захваљујући схватању и подразумевању бола, првог и сталног пратиоца на животном путу, који може добити размере античке драме колико у савременом свету значи неопходност увек нових видова комуникације. Живот, ма колико погађао, ненадокнадиво је узбуђење. Аполинеровски пут је пут опијања том целином.

Том сплету светлости, које никада нису сасвим светле, и сенки, које могу бити увек још тамније и дубље, том закону тајанства опстајања, Моравија је посветио ово дело, можда не најмаркантније, али које се и својим мотивима и начином исписивања препознаје као део целине његовог опуса.

У СЕНЦИ УРБАНИХ МИТОВА

Леѓз Вилијема Кенедија
Превела Милена Петровић

Вилијем Кенеди (1928), један од данас најугледнијих америчких писаца, почео је своју списатељску каријеру као новинар и филмски критичар. На књижевну сцену ступио је објављивањем три романа посвећена његовом родном граду Олбенију, где и данас живи, предаје на Универзитету и наставља свој списатељски рад као прозни писац и есејиста. Ширу светску славу донела му је Пулицерова награда за књижевност (1984), која је поред других, ранијих признања, први пут скренула озбиљну пажњу на опус овог писца, крунисан управо награђеном књигом *Коров* (која је објављена и код нас, 1987, у преводу Гроздане Олујић, и која је доживела и веома успешну филмску екранизацију). Ово дело понукало је нобеловца Сола Белоуа да о Кенедијевој прози каже да је „изузетна и памћења вредна", а да целој трилогији прорекне судбину ретких, незаборавних дела.

„Олебнијски циклус" чине заправо романи *Леѓз*, *Највећа игра Билија Фелана* и *Коров*, а сва три су посвећена људима са такозваног друштвеног дна – бескућницима, пијанцима, гангстерима, неуспешним политичарима, проституткама, убицама, луталицама и пробисветима. У томе се свакако не би садржао ни део одговора на питање о успешности ових књига да место тог друштвеног талога у литератури Кенеди не одређује и својим посебним списатељским приступом, који се не задржава ни на пуком реализму нити на искуствима битничке прозе. Са изузетним даром за осликавање целине, у првом реду атмосфере тридесетих година века, депресије која се полако приближава ратној будућности, у граничном пољу осиромашеног и опасног живљења, које ствара своје нове јунаке, нагло произведене полу-звезде и полу-губитнике, предмете колективног поистовећивања, овенчане сумњивим ореолом славе, убрзо поништене новим валом стварносних изазова, и често насилних промена, Кенеди се показује као писац жестоког реалистичког набоја, сликар суморних боја пада и кала, али изнад свега као мајстор запажања и регистровања оне драматургије која је блиска апсурду, а самим тим и психологији већ изгубљених и сломљених или за своју варљиву славу припремљених јунака.

Роман *Коров*, у којем су психолошки портрети најмаркантније изграђени (ликови Френкија Фелана, некадашњег играча безбола а потом скитнице и убице, и његове животне сапутнице Хелен, дати су као оличење управо таквих људи – који заточени одређеном животном ситуацијом, у поодмаклој доби, напуштени и ником потребни, са много тога на савести а при том и са неугаслом топлином у души) понајвише исказује Кенедијеву способност да слика неуништену људскост, па чак и тамо где није лишена трагова ништавности, и зла – као општих места свакодневља у животу улице којем ови јунаци најчешће припадају. Они у Кенедијеву прозу не уносе само живописност и убедљивост (посебно изражену кроз дијалог и жаргон скитница) већ и дирљиву слику непресушне људске наде, истовремену трагичну утонулост у самоћу и алкохол, колико и жељу да се приближе другом, по невољи сличном бићу; Кенеди одиста мајсторски стапа димензије комичног и трагичног, ништавност и патос који се преплићу међу овим сенима људског постојања које се невољно боре за свој опстанак и у чијој је општој ситуацији, одређеној диктатом суровог и бесциљног живљења, проституције и насиља, тешко утврдити кривца и жртву и оделити узроке и последице. Тим питањима се Кенеди и не бави, мада она лебде изнад ове суморне фреске урбаног живљења и његових митова који јесу, у свом узајамном спрегу, основни предмет његовог списатељског занимања.

У тварне сенке Кенедијевих јунака-скитница које чине свет живих и оне, још живље, које насељавају свет мртвих (који у Кенедијевом опусу као да никад одиста не умиру, већ се враћају, прогоне живе, носе неке своје поруке – заокружујући тако свој прекинути и недоречени земни смисао постојања), бацају потпунију светлост на оно што се чини нерешивом загонетком живљења, подстичу размишљања и преиспитивања (посебно у лику Френкија Фелана, у којем се управо тако оформљује одговор бесмислу), уносећи у ову прозу један нови, осавремењени и функционални простор митског.

Тако и бизарна прича о животу и смрти легендарног гангстера Џека „Легза" Дајмонда, у времену корупције, криминала и насиља, као типском испису епохе двадесетих и тридесетих година у Америци, Кенедија занима у двоструком смислу – као прерастање једне потребе, безусловне жеље за успехом и освајањем славе тамног сјаја, у другу, која је изданак тог истог времена и средине чији менталитет лако замагљује мрачне ореоле својих јунака и даје им магичну моћ да из озлоглашених судских анала закораче у митску вечност. Та танка линија логичког смисла, која убице уздиже на трон славе а ништи чињеницу да постоје и жртве, Кенедију није повод да испитује моралне категорије једног времена и система, већ да као писац на њима испише сведочанство о још једној могућности апсурдног поретка света, јасно наглашеног почетком и крајем романа: сумњом Џековог адвоката да је његов б랑еник (усмрћен серијом револверских метака) мртав, и завршним поглављем, у којем и сам Дајмонд, обасјан светлошћу свог растућег мита, већ у царству мртвих, почиње да верује у немогућност своје смрти.

Оно што руководи Кенедија нису судови о епохи, друштву нити ликовима које слика. Он кризна времена одабира стога што она изоштравају и преламају у нову форму ону логику збивања која чини сам живот и његове промене. Кенеди се опредељује да слика људске судбине у вртлогу збивања и на дну ништавила, да поставља питања о смислу и бесмислу, очајању и нади, успону и паду, али одговори које он даје деликатно су обликовани, на начин који индивидуалну судбину не ставља под призму било каквог суда, већ је изводи на сцену универзалног људског удеса.

ШТА ЋЕ ЖИВОТ ДОНЕТИ

Колекционар Џона Фаулза
Превео Зоран Мутић

Британски писац Џон Фаулз (рођен у Есексу, 1926), нашој публици до сада је био познат првенствено као аутор прозног дела *Женска француског поручника*. Његов први роман, *Колекционар*, донео му је светску славу. Дело је постало бестселер, одмах по објављивању (1963), не само у његовој домовини, већ и у Сједињеним Америчким Државама, а преведено је и публиковано и у многим другим земљама. У нас, међутим, роман је био познат искључиво као подлога изванредној Вајлеровој филмској екранизацији.

Реч је о делу необичне структуре и форме, реског и штурог наративног језика, али и са низом прикривених психолошких нијанси затворених у унутрашње, међусобно удаљене светове два главна јунака. Тензију ствара фабула, у померљивим оквирима трилера, љубавне драме или социјалне студије, која говори – из перспективе статуса и порекла, укорењености јунака у одређени морал и културу, о постојећој или непостојећој спремности и моћи да се ове претпоставке превазиђу и да се личност најбољим својим делом поистовети са највишим амбицијама и креативним тежњама, или да их у потпуности изневери и посуноврати.

Оличење ове позитивне претпоставке је лепа студенткиња уметности Миранда, која постаје заробљеница и жртва безначајног и безличног, вишеструко осујећеног младог човека Фредерика

Клега. Између тамничара и жртве води се беспоштедна игра препредености, на два упечатљива нивоа: Миранда тежи слободи, не само као елементарној претпоставци опстанка, већ и као могућности да очува најдубље духовне и стваралачке споне са светом, што је као личност највише одређује, што је иманентно њеном бићу и што и у њеном поимању живота представља суштину. Она у свом непатвореном замаху духовности настоји чак да успостави и благу нит разумевања са својим тамничарем, који, међутим, у свету духовне слободе види не само себи стран и узнемирујући па и непотребни хаос већ, у конкретном случају, и Мирандину тежњу да његовим поседничким односом према лепоти, у којој превиђа унутрашње валере, духовност и самосвојну слободу, одузме њему тако потребан физички успостављен одабир и ред, слободу која у његовом поимању значи просто владање стварима, па и моћ коју жели да у дословном смислу има над оним што проглашава лепим. У оваквом односу је јасно да ни један од јунака не може пристати да свој светоназор подреди другом, јер је у сваком изоштрена суштинска одредница бића и егзистенције, без које нема постојања, те ова трагична игра прераста у борбу на живот и смрт. Споразума нема, у дугој и мучној бици психологије се до краја огољују, а ликови остају безмерно удаљени и трагично самопотврђени. Мирандина духовност, њена права, духовна лепота, постаје живот лишен живота и пре саме смрти, а Клег, кога његова заточеница не без разлога назива, шекспировски, Калибаном, алудирајући на његову чудовишну и отуђену природу, иако господар ситуације, господар њеног живота, остаје изгубљен, измештен изван свих, чак и најједноставније схваћених категорија живљења.

Уплићући у ригидност фабуле изузетно суптилну конотацијску игру, подтекст који зрачи мозаичким психолошким минијатурама, наговештајем мотивација и реским осликавањем непосредних деловања јунака, Фаулз сугерише и она универзалнија значења своје прозе, која га занимају као естетичке, социјалне категорије и егзистенцијално-стваралачке релације, којима је иначе посветио и своју књигу размишљања *Аристос – аутопортрет у идејама*, објављену 1966. Завршетак романа је стога двострук: у дословном смислу он подразумева јасан фабуларни исход, али у општијем, разрешење се надвија суморно отворено. Нема одговора на питање где је и како могућ однос између Нових људи (духовно осиромашеног соја данашњице, како Миранда у себи назива *поседнике*, љубитеље малограђанског реда и животне *нествараоце*) и Изабраних. За Клега је свет скуп инсеката, без међусобног додира, управо као што он види своје лептире на паноу. Осујећен, он сматра да између људи нема ничега, чак ни самилости. За Миранду је пак свет – освајање света – унапређивање себе увек новим обухватом живота и стварања.

Њена нада да ће се десити чудо, да ће се домоћи слободе, јесте њена безгранична љубав према вазда променљивим облицима живота које жели да сустигне:

> Очајнички сам знатижељна да сазнам шта ће ми живот донети. Шта ће се догодити са мном, како ћу се развијати (. . .). Није то само себична радозналост. Ово је за умирање најгоре могуће време у историји. Путовање у свемир, наука, цео свет се буди и протеже. Започиње ново доба. Знам да је опасно. Али је прекрасно бити жив у њему.

У свим спреговима асоцијација које трепере око ове у суштини једноставне фабуле, Фаулз идеју о различитости људи своди, негде на дну, на дотицање две стране вечите људске природе. Миранда је могућа доброта, обухватна и светла, попут светлине духа. Њен тамничар Клег је реално, самозатворено и нествaралачко зло, које властиту празнину жели да превазиђе владањем над оним што му је страно, одузимајући му право на слободу и самобитност. Питање њиховог најпотпунијег самоостварења јесте питање одговорности према себи и другоме, или ономе другом, у себи. То *питање одговорности* у свим аспектима Фаулзовог постављања проблема човекове егзистенције – индивидуалном, моралном, стваралачком – постаје оваквим увишеструченим сагледавањем и основно, цивилизацијско питање, због чега овај привидно једноставан и несумњиво занимљив роман покреће најсложенија питања савремене прозе.

СВЕТ ЗА ДВА ГЛАСА

Порнографија Витолда Гомбровича
Превео Петар Вујичић

У свом прослављеном *Дневнику* (1953–1966) Витолд Гомбрович на једном месту каже: „Уметност се догађа живим, конкретним људима, што значи несавршеним. Стога домети истинске књижевности не могу бити ваљани, ако се она не одважи да погледа оно што јој је најближе: појединачног човека.“

Постоји, међутим, и другачија књижевност, књижевност завођења, која иде обрнутим путем и која означава подвргавање јединке маси, индивидуалног општем, аутентичног изведеном, која је

„намамљивање на патриотизам, грађанство, служење" – на одре-
ђене *идеје* живљења и *облике* комуницирања, које, по Гомбровичу,
пре подстичу и продубљују људску несавршеност но што доприносе
њеном сагледавању и, можда, њеном превазилажењу, И уметност
тако постаје плод конвенције, чврсто успостављених односа умет-
ника и других људи. Али, „ако хоћете да певач другачије запева,
морате га повезати са другим лицима – морате га заљубити у неког
другог и заљубити га другачије. Неисцрпне су комбинације стилова,
али све су оне у суштини комбинација лица, очараност човека
човеком. Књижевност, на жалост, остаје слаχдчајша романса суп-
тилне старије господе, узајамно заљубљене, и која једни другима
изјављују љубав. Храбрости! Разбијте тај зачарани круг, идите у
тражење новог надахнућа, допустите да вас подјарми дете, балаво,
полуинтелигент, повежите се са људима другог друштвеног
положаја", пише Гомбрович 1954.

Управо овакав захват разбијања зачараног круга и успостав-
љања нове визуре понудио је и сâм, завршивши, 4. фебруара 1958.
године, свој роман *Порнографија*. У *Дневнику* је под тим датумом
означена и основна накана: „да пропустим свет кроз младост; да га
преведем на језик младости, или на језик привлачности... Да га оме-
кшам младошћу... Да га зачиним младошћу – да би се дао сило-
вати..."

Тако је овај роман Гомбровичевих зрелих година добио нешто
„лудо, можда фантастично", како пише у уводној пишчевој
белешци. Иако је стављен у оквир имагинарне Пољске (писац је
стварну Пољску напустио 1939), подразумевао је осврт на „давнији
свет", не само домовине већ и стечених представа о свету. Са већ
изграђеном „специјализованошћу за слободу", брушену изгнан-
ством а тако битном за право на сопственост, и у домену егзистен-
цијалног као и стваралачког, овај роман исписан о некој Пољској, у
неко време ратно, открива жељу да се ипак заоштри и оно што
јесте Пољско, а што сажима управо Гомбровичев став према идеји
(као „претексту") и „форми" (као начину) што почивају у бити
завођења: – овладавања појединачним – и да се у исто време вине
изнад Пољске и изнад стила као завођења, раскринкавањем форме,
што за овог писца, сваки роман у првом реду, као разоткривање
индивидуе, права на сопственост, и треба да буде.

Формирање човека другим човеком, „уримованост" у глобалну,
наслеђену или наметнуту ситуацију, императив социјализације као
прилагођавања другом и другима, најдубље је извитоперење
човековог бића изведено формом. У тој полазној ситуацији зате-
чени су и сви јунаци *Порнографије* – изузев најмлађих, шеснаесто-
годишњих Хење и Карола, чији је затворени свет идеална, нера-
склопива шифра унутрашње зачараности, себи довољне присутно-

сти и постојања, испуњености која припада једино младости, која заводи и опчињава, изнутра. Људски и еротски апсолут, по Гомбровичу, постоје само у једном трену човековог бивствовања; у пуноћи младости божанско се среће са људским. Стога је завођење (порнографија) као захтев форме виђене оком другог и за другог иницирано побудама „старије господе" Витолда и Фредерика у овој сфери остало безуспешно. Животност је надјачала свест о еротском; младост у сфери своје непатворене природности није прихватила зрелост. То се, међутим, неће поновити и на другом плану завођења, тамо где надјачава усађена представа о одрастању као успостављању очекиваног међусобног односа са светом одраслих; жеља за допадањем (младих) као форма приступа у свет одраслих, и жеља за наметањем форме као једног нецеловитог и стога већ искривљеног пројекта живљења одраслих, сусрећу се у императиву иницијације, уласка у свет друштвене зрелости, којој се плаћа цена заувек изгубљене самосвојности и пуноће.

Игром помешаних карата, разбијањем оквира устаљених сталешких, генерацијских односа, моралних категорија, инетереса и идеала, Витолд и Фредерик даљим током фабуле искушавају крајње домете власти и насиља форме, откривајући у новој алхемији односа која нуди изненадне обрте перспектива и само дно: истину о раслојености човекове природе подјармљене жељом да буде сагласна идеалу, форми. Савршена форма, међутим, кадра да обухвати целину, све аспекте људског постојања, не постоји. Распарани шавови устаљености под укошеним погледом нове Гомбровичеве перспективе кваре маске, гужвају их под дубинским грчем неостварености. Захтеви форме су спољашњи, „воајерски", срачунати на делимичан одговор, одговор свести спремне да прихвати повиновање, извитоперење, делимичност управљану туђим оком, и да се оглуши на сопственост, глас потпуне, иако несавршене животне суштине.

А „свет је написан за два гласа", вели Гомбрович на једном месту *Дневника* (1960). У њиховом нескладном, реском претапању да се ухватити и слика о том свету. *Порнографија* је храбро и оштро измешала гласове, младост гурнула у зрелост, метафизику уронила у физику, у ерос, како би се заносом еротске игре, преко тела (привидом лакоће у овом роману који није нимало лак ни обичан) допрло до онога што је теже сазнатљиво – до антиномија духа.

Решења тих антиномија, разуме се, нису у домену уметности, већ у сфери развоја човечанства, како би рекао Гомбрович. Уметност, својим повратком конкретном, живом човеку, не подучава, али осветљава. И својом уринутошћу у живот не заводи, можда пре – смелошћу, оригиналношћу и дражима својих специфичних виђења – заражава. И у гомбровичевском отпору форми, прераста, како он сам вели, у форму која једино може бити пародија форме.

ЖИВОТ ДЕЛА

Кеплер Џона Банвила
Превео Ђорђе Кривокапић

Иако мотивски провокативи везани за живот и дело, судбину и време Јоханеса Кеплера снажно сугеришу претпоставку о биографском роману, савремени ирски писац Џон Банвил (1945) причу о „царском математичару" и астроному који је утемељио модерно сазнање о космосу претвара у необично поље књижевне стварности. Са изузетним смислом за успостављање равнотеже између детаља и целине, индивидуе и бескраја, Банвил биографски и историјски контекст, као и научно наслеђе Кеплеровог времена претаче у осликавање живота, као најнепосреднијег извора инспирације и плодотворног чуда, који је не само својеврсно огледало космичке тајне већ и непрекидан подстицај да се пронађу карике које спајају прошлост и будућност и које „вечност", ма колико метафизички удаљену, и „истину", ма колико у апсолутном виду неосвојиву, повезују са обавезом човековог самосагледавања, самопревазилажења и оног стваралачког искорака који значи непоновљив, индивидуални допринос освајању великих тајни постојања.

Свака Банвилова реченица и целокупни стваралачки гест у служби су тог урањања животности чињенице у невидљиво ткиво мисли, идеја, сна и фантазије, те подтекст биографског уздижу у повест о трагањима и изгонима, увредама и омеђеностима у реалном свету, а сваку могућност за типску нарацију подређују доминантној равни приче о унутарњем, динамичнијем, пресуднијем сплету *ума и маште,* заобилазећи хук овоземне пролазности, ослушкујући дубљу музику космичких сфера, док плодна стилска сажимања осликавају оно животом–сном утемељено путовање до разрешујућих открића, која апстракцију чине готово додирљиву а сазнања далекосежно применљивим.

Тако, на почетку романа, Јоханес Кеплер *сања* решење тајне космоса. А буди се у јави из које сан не ишчезава, јер реални живот (на размеђи XVI и XVII столећа, сред верских и војних ратова, празноверја и инквизиције, породичних недаћа и оскудице) нуди *превише и недовољно.* Живот стимулише сан, али сан никада не замењује живот. Кеплер је одвише свестан његовог обиља и подстицајности и када у часу пред смрт каже: „Не умри никад, не умри никад", он се обраћа самом постојању чије је крхотине целог свог века сакупљао, склапајући их у равнотежу хармоније света, претварајући земно утамничење у рад, рад у слободу, слободу у геометријски ред, божански поредак, душу свемира. Обиље и срам живота – превише и недовољно, сазнато и неспознато – подстицаји су том непрекидном успостављању односа између стварности и маште, хаоса и хармоније, ока и ума. „Инстинкт неба", како га назива Банвил, одражен у уму спремном да му да макар и делимичан одговор (јер истина као апсолут дакако увек измиче, оркестрација свемирског савршенства присутна је тек у понекој од мелодија), у Банвиловом осмишљавању Кеплеровог лика савршено посредује између земље и неба, живота и наде, науке као вере и спознаје као суште музике и поезије, да би се, ипак, и живот и наука сврстали у два неапсолутизована, несавршена тока, подложна променама и грешкама, којима се тек путује ка заокружености и потпуности, као што „коперникански обрт" настављају нови модели мишљења, значајни већ и као инспиративни концепти и идеје, али и као облици мишљења који подлежу провери и корекцији, уобличавајући увек са више прецизности свој корак ка бескрају.

Сан и вера јесу магични призиви будућности, али су стварне степенице ка звездама грађене проверљивим и измерљивим корацима науке, усавршеним достигнућима претходника као инспирацијом за савременике и следбенике. Ово својствено поништење тезе о табули рази Банвилов Кеплер види као стално уздизање до врхунца хармоније (која увек остаје сан, неостварена симфонија, вечити изазов), верујући у братство науке, које писац исказује притајеним поетским потезом: акростихом који исписује сазвежђе имена: Тихо Брахе, Њутн, Галилеј, Кеплер.

А између сна и живота за Банвиловог јунака остаје *живот самог дела*. Говорећи, пак, овом књигом, о импулсу маштарског и откривалачког у човековом бићу које налази своје поетичко испуњење у дослуху са космичком тајном, предодређеном за саглас-је са архетипском структуром човековог унутарњег ока – много више но у егзистенцијалној и историјској равни (од којих прва често подразумева трагичне раскораке а друга исписује повест људске несреће) – посвећујући, наиме, своју књигу *стваралачком*, које постоји и ван литературе, Банвил је изабрао најнеобичнији пут да искаже метафору о њој самој, дајући самосвојан допринос овој значајној и готово незаобилазној тематској окосници модерне прозе.

Са разумевањем за реске наративне потезе али и за притајену музику поетског контекста овог штива, књигу је превео Ђорђе Кривокапић.

КОМПАС ПРОМЕНЕ

Антологија итилијанске приповетке
Избор, превод, поговор и белешке Јасмине Тешановић

Са приређивачем зборника савремене италијанске приповетке можемо се одмах сложити у основном: антологије јесу имагинарне карте: духовни континенти, архипелази, усеци, фјордови, ртови, оштре или барокно разуђене обале, вртоглаве дубине и надморске висине остали би нам често непознати и неоткривени да није путника истраживача који су ту крочили пре нас. И уколико су они вођени властитим компасом откривалаштва и страсти више но обавезом да региструју и опишу, утолико имагинарна карта нуди више предуслова за неуобичајене подухвате. Један од таквих подухвата представља ова књига.

Она јесте зборник, али условно, јер као збирка приповедака које одражавају и одређену хронологију (распон од 1945. до 1990. године), она успоставља, у том временском премошћењу, као антологија, линије својих мерила и упешатљиво, већ с почетка, показује да сгзсмпларни модели модерне италијанске прозе могу носити датуме од пре готово пола столећа а бити то што јесу – модели савременог књижевног мишљења и стилског раслојавања традиционалних образаца; односно, да оснивачи и ствараоци прозне уметности овог периода прошлости, од пре четрдесет и пет година, јесу заправо и потпорна имена књижевне садашњости. Надреалистичка, иронијска и језичка осмишљеност у делу Алберта Савинија или пак хибридност жанра и претапање стилова и сложени језички експеримент Емилија Гаде, одлучујуће су наслеђе италијанске прозе и тачка преламања, која, иако није прекинула све нити традиционалног приступа, свакако је пресудно означила једно поприште трагања, експеримента и промене, које ће у књижевности будућих деценија увести, неопозиво, право и могућност на постојање паралелних светова, реалност у њеној полиморфности, тајанству напуклина и дефинитивног исклизнућа из једнообразних књижевних визура.

Та незадржива потреба за исказивањем нерасплетених психолошких, и социјалних, наслеђених и новостечених чворишта и преломљених перспектива, које инструменти метафизичког, надреалистичког и постмодернистичког исказивања настоје да обујме а ослобођени језик препун иронијских, сатиричних, гротескних и фантастичних обрта и сваковрсних емотивних набоја да изрази, јесте поље на којем се неколико праваца и усмерења савремене италијанске приповетке најуочљивије и најплодније обликовало, а које јасно уцртава на своју имагинарну карту ова антологија. Питање колико је избор одређене приповетке типичан или атипичан за појединог заступљеног аутора помера се у други план а помало и бледи пред питањем колико је понуђени избор прича типичан за методологију књижевних промена која је полифонијски, у више токова и равни, изградила појам модерне италијанске прозе уопште, па и приповедне, која се данас изузетно много преводи, објављује и чита свуда у свету. Том другом окосницом формиран је приређивачев кохерентан став, самим тим и јединство ове књиге. Тако на пример, одабране приче Ландолфија или Буцатија свакако неће променити мишљење о основним вредностима ових писаца, али ће, у најсажетијој форми, кратком приповетком, указати на есенцијалност књижевне метаморфозе, у захвату од реализма ка фантастици (са богатим спектром игре временских и психолошких конотација) у Буцатијевој приповести „Седам гласника“, или у профињеном, али новом и смелом преиспитивању категорија духовности, савести и морала, на рубовима индивидуалних свести и подсвести, које маестрално реализује Ландолфи у приповеци „Игра куле“.

Казаљка на компасу књижевног писма модерности разапета је између два пола, могућности да се стварност, умноженом структуром књижевног текста, види у њеној латентној вишезначности, али и закорачењу у нову реалност која је допуњује, потврђује или мења, превазилази. Тако је Моравијина прича „Латина експрес“ пример померања реалистичког стила и жанровске удвојености која ипак учвршћује мотивацију и психолошко обликовање његове јунакиње, на нивоу који је иреалан а који реалност чини могућом, уплићући у књижевни дискурс елементе који су ванкњижевни (стрип), а који га чине потпунијим и функционалнијим, омогућујући му ширење у један нов, додатни простор значења. Пазолинијева пак приповетка („Гас“) пример је отискивања из неореалистичког окриља његове прозе, реским, рубним визијама затамњених човекових унутарњих светова, исказујући силину која у основи исликава непомирљивост и смелост ауторових књижевних и ширих уметничких истраживања.

Иако су многи од прозних писаца о којима је реч славу стекли и као аутори најзначајнијих романа XX века (Гада, Моравија, Итало Калвино, Умберто Еко и други), Антологија потврђује да се врхунски писци у најригорознијим захтевима које намеће кратка прича често ре-афирмишу, као творци минијатурних ремек-дела широког опсега и вредности. Изазову сажете форме одговарају нови нараштаји прозаиста (Алдо Бузи, Андреа де Карло, Марко Ладоли), који у распону од извесне универзалне пријемчивости, која их у мотивском и стилском погледу чини понекад блиским заједничком имениљу модерне светске прозе, допиру и до специфичних обојености италијанског духа и традиције или пак њеног иронијског оспоравања па и рушења њених укорењених митова (гротескно разарање ауторитативне слике оца у прози Сандра Веронезија).

Најкраћа прича овог избора јесте Табукијева. Она не помера перспективу, она је не прелама, она је, у најкраћем могућем простору (два пасуса од по пет реченица) са чудесним ефектом – преокреће. Најдужа је Дел Ђудичева „У музеју Ремса"; иако је њен кључ сводив на два потписа једне слике, суптилност психолошке анализе и разрешење њених перспектива захтевали су потпуност и ток.

Распон који у приповедној прози осликавају на специфичан начин италијанске списатељице, обогаћујући визуру савременог света сложеном емотивношћу и неконвенционалношћу прозног приступа, оцртан је приповеткама неколико изванредних аутора као што су Елизабета Рази, Марина Мицау и Паола Каприоло.

Чврсто језгро избора, и поред разноликости коју нуде аутентични стваралачки светови, заокружени и затворени у себе, тако је обогаћено димензијама које и у ширем светлу оцртавају специфичности ове модерне прозе, која је, с обзиром на динамична трагања у сфери израза, представљала и посебно сложен преводилачки задатак. Тешкоће су савладане, чини се, мукотрпно и са уживањем. Зато ова антологија говори двадесет пет варијаната италијанског књижевног језика – колико је заправо и заступљених аутора.

ДНЕВНИК НЕСАНИЦЕ

Индијски ноктурно Антонија Табукија
Превеле Ана Србиновић и Елизабет Васиљевић

Антонио Табуки (1943) једно је од најзанимљивијих и најпровокативнијих имена савремене италијанске прозе, које све више привлачи пажњу наше књижевне публике. До сада је она била у прилици да га упозна посредством превода приповедака у књижевној периодици, који су већ побудили и знатно иницијално занимање за овог писца. Табуки је аутор више књига приповедака и романа који су се појавили у распону од 1975. године, од његове књиге *Трг Италија* (*Piazza d' Italia*), до најновије, *Црни анђео*, која је изишла у марту 1991. Целокупно дело Антонија Табукија побудило је пажњу и светске јавности, те су његове књиге преведене и на више светских језика, али је и он сам, као професор португалске књижевности, на универзитету у Ђенови, познат као књижевни преводилац, који се, као мало ко у свету, може подичити и таквим библиографским податком који се односи на фундаментално дело португалског песника Фернанда Песое, које је, захваљујући њему, преведено на италијански језик. Песоа је постао и својеврстан симбол Табукијеве опчињености Португалијом, њеном прошлошћу и културом, а самом Песои је овај аутор посветио низ луцидних есеја. Радња Табукијевих романа често је смештена у Португалију, или пак њене бивше колоније, као што су Азорска острва или пак Гоа, у Индији, то је симболични литерарни простор у којем се пресецају књижевне реалности које Табуки, као стваралац особене имагинације и књижевне перспективе, не може да посматра само у једној временској димензији, изоловано и једноструко. Књижевна стварност па и време његових дела јесу комплексне категорије, на којима се темељи и радња али и сама психолошка загонетка јунака његове прозе.

Књига *Индијски ноктурно* (објављена у Палерму, 1984), управо у том духу, јесте један од најбриљантнијих примера из његове књижевне радионице, који сукобљава две реалности: спољашњу, актуалну, и унутрашњу, психолошку; па чак и две психолошке равни самога јунака, које уједно чине и две стране човекове природе. Доживљавајући и саму књигу као путовање, понајпре кроз збиљу, уз помоћ ординарног туристичког приручника, кроз сјај и беду и све баналности али и бизарности једног света за себе, какав у многом погледу представља Индија, Табуки исписује и *дневник несанице*, једног езотеријског путовања којим се трага за стварношћу посебног реда. Табукијев *Ноктурно* трага за Сенком, али Сенка може бити и загонетни алтер его, друга или права, потпуна природа његовог јунака. У призорима сукобљених светлости дана и ноћи, свакодневног и бизарног, древне философије и прагматичног сналажења у тегоби свакидашњице, у атмосфери туристичке меке и философске концентрације, укрштања суштине и лажи, исконског и комерцијализованог, хировитих путева и судбинских визија, али свеједно у правцу ка Гои, главни јунак са португалским песничким надимком (Руш, Славуј), који му је дао португалски пријатељ, за којим трага и кроз своје успомене и кроз стварност, очекује да управо стварност потврди свет његових сећања и снова. Суочен са сазнањем да особа за којом трага увек измиче, Табукијев јунак ову истину, која му и сама, за све време путовања, магично видљива или и ишчезавајућа, као „ноћна птица“, замагљује видик, напокон спознаје у опчињавајуће јасном Песоином стиху: *све је тајна*, колико и у пророчком индијском подвајању *маје* и *атме*, *тела* и *душе*. Смисао путовања може се лако правдати тумачењем да је душа увек друге, да смо ми сами увек изван тела, али да је потреба бића управо у тој сталној тежњи да се стопи са душом, са властитом суштином. Бивајући и *тело* (тај *кофер* у којем свакодневно себе као утилитарним сасудом светом преносимо) али и *душа*, она која измиче, мењају се роле у перспективи Табукијевог јунака, од онога који тражи ка ономе ко не жели да буде нађен, али се ту путовање не завршава. Онај који не жели да буде нађен има свој пут, и свој циљ: његова путовања увек изнова почињу, и тиме енигматични круг, циклична потрага за суштином, само мења своје стратусе: песник и певач Руш (Славуј) прихватиће нешто од логике и манира свог пријатеља приповедача; не желећи да буде нађен, биће спремнији на улогу истраживача који гледа дубље, који истражује. Њих двојица, Пријатељ и Сенка, и јесу и нису заједно, две су стране истог, раздвојене жељом да буду то што јесу, да се траже, налазе и *не приближују*, како би их удаљеност чинила видљивијим и јаснијим.

И питање зашто Индија, зашто Гоа, тиме добија одговор. Зато што издвојени детаљ искривљује суштину, како би рекао љубитељ објективне истине и факта, прозаиста Ксавијер. И зато што ствари треба гледати издалека, из дубине, као тајну, како би рекао песник, Руш, или можда пре Песоа.

Замамна је кристална јасноћа Табукијеве реченице, и лавиринт у који уводи, уводећи заправо у двосмисленост. Ту већ почиње раздвајање Дана и Ноћи, чаролија Мистерије, која је близу и далеко, у зависности од тога како се доживљава дамар Бића.

ПАКАО ОСАМЕ, УЖАС ЉУБАВИ

То сам ја, Едичка Едуарда Лимонова
Превела Радмила Мечанин

Ја сам – уличар. На мом рачуну имам врло мало људи – пријатеља, и много пријатеља-улица. Оне, те улице, виђају ме у свако доба дана и ноћи, често седимо по њима, својом задњицом притискам њихове тротоаре, бацам сенку на њихове зидове, налакћујем се и прислањам на њихове лампионе. Мислим да ме оне воле зато што их ја волим, и што обраћам пажњу на њих као ниједан човек у Њујорку. У ствари, требало би да ми Менхетн подигне споменик или спомен-плочу са следећим речима: „Едуарду Лимонову, првом пешаку Њујорка, од његовог вољеног Менхетна“.

Ово није почетак романа Едуарда Лимонова, а није ни крај. Но у тим реченицама – одама лутању садржано је много тога што указује на његову суштину. Прича, уколико се може говорити у овом роману о класичној нарацији, тече као лутање улицама великог Града, али и велике Празнине, као спонтана исповест која потврђује писца који је, како каже један критичар, „јунак својих дела и производ свога стваралаштва“, који пише аутобиографски роман без романа, јер му је измишљање и сижејно саплитање страно, који је – тај „несрећни Едичка, угрушак руског духа“, како за себе каже – измештен, судбином руског емигранта, из два света – једног у којем није био потребан и другог који такав какав је није потребан њему – те се између две велике безличности, у дугом монологу препуном очаја, крви и суза, упушта у казивање једне од најспонтанијих и најискренијих драма савремене прозе: драме аутентичности индивидуалног постојања које се опире поравнању, употреби од стране било ког система, који брани једино своје људско имање – да буде човек и да воли, да буде вољен, ако не од људи, бар од улица на којима беспосличи, тражећи сусрете у којима може почети његова нова судбина.

Но, ти сусрети су углавном нова слика људске беде и ништавности, провидни и привидни успех лажних интелектуалаца, неостварених манекенки и глумица, политичара без убеђења, уметника без вредности и вере, емигрантског олоша сливеног са свих страна света на дно велеграда. То су нове епизоде хода по мукама једног новог јунака модерне прозе коју ствара писац Едуард Лимонов ликом Едичке, који у свом срећно-несрећном животу схвата да може бити успешно потврђен на свим нивоима квазицивилизацијског сна о успешности: од улоге ситног лопова из Харкова, до освајања сексуалних слобода без предрасуда, површног естетизовања и ситног улагања у игру исто тако ситног и бесмисленог друштвеног престижа. Он је срећно-несрећан, јер је прозрео шифру тог успеха и њоме савршено влада, јер је то једина комуникација са светом који не уме друго ни другачије, а он управо то друго свим срцем жели. Зато „слободан, празан и страшан“ лута по великом граду, спасава се његовим улицама и његовом празнином, тражећи садржај и смисао, људе и љубав. Едичка, који о себи често говори као о детету, у трећем лицу, и презире када га зову Едик, кроз сузе које не скрива, муца ужас ненађене љубави, након једине, Јелене, коју је изгубио због њене заблуде да је пакао ништавности и лажности живота у који се баца замена за властиту празнину. Он не престаје да жуди за љубављу, он не одустаје, бранећи у свету монструозне равнодушности и паклене осаме једино своју душу песника и душу детета, сазревајући ипак, у том чудном сну, до визије, утешне и исцелитељске, која уместо једне љубави, у којој давање тражи узвраћање, осваја љубав према човеку, која не може бити изневерена, јер она све већ садржи у себи – мир разумевања, награду која је већ у самом поседовању такве љубави.

Овај роман о савременом ништавилу и чистилишту свет је открио након одбијања 35 америчких издавача, захваљујући Жан-Жак Поверу који га је објавио 1979, под насловом *Le poète russe préfère les grands Nègres*, а његовог аутора, пре емиграције једног од најзначајнијих самиздатских руских песника, који данас живи у Паризу, ставио у саму жижу стварања аутентичне прозе новог набоја, између поруге и праштања, псовке и нежности (што и превод Радмиле Мечанин веома успешно транспонује), али увек у разумевању малих јунака велике Празнине савремености, која има своју драму и која је добила свога писца, новог и особеног кова. Едуард Савенко, који је узео књижевни псеудоним Лимонов, својом прозом којој је тешко наћи и одредити књижевне претке, узоре или сабраћу (у овом последњем смислу то би можда могли бити Милер или Селби), романом *То сам ја, Едичка* јавља се не само као творац провокативне бестселер-литературе већ као одиста посебна књижевна појава, ван устаљеног књижевног кôда, спремна да на особен, и чини се само себи својствен начин, дубоко и продорно попут крика, прожимањем најопорије прозе и најдирљивије лирике, артикулише страву осаме човека овог века.

ДОДИР ПАУНОВОГ ПЕРА

Катедрала Рејмонда Карвера
Превела Маја Херман–Секулић

Катедрала, збирка коју сачињава дванаест приповедака, најзрелија је прозна књига Рејмонда Карвера, на жалост и међу последњима у библиографији овог аутора (Карвер је умро 1988. године), који се убраја у најзначајније али и најчитаније писце света. Карверов јединствени таленат, који повезује читав његов опус (поезију, прозу и есејистику) у целовиту поетику модерне уметности, учинио га је готово култним ствараоцем, који је, по снази списатељског надахнућа и дубоко осмишљеном и стално усавршаваном концепту литературе, надрастао постмодернистички прозни експеримент. Заснивајући своја књижевна трагања на најбољој традицији кратке прозне форме (пре свега на Чехову), али и на искуствима најеминентнијих носилаца књижевне промене у прозном стваралаштву овога века (Џојс, Кафка, Бекет, Хемингвеј, Милош), Карвер је пројекат свог *новог реализма* учинио подједнако провокативним пољем освајања *нове форме и израза,* колико и бриљантним спојем разломљене визуре савременог света – испуњеног осамом, отуђеношћу, материјалним сиромаштвом или унутарњом тегобом најчешће малих људи, загубљених у застрашујућем сивилу баналности, покиданих веза или несхваћености – са једном ванвременом оптиком писца реалисте и хуманисте посве новог кова.

Карвер и сам истиче да је основа највећег броја његових прича реалност. Посвећујући се писању почетком шездесетих, уз борбу за голо одржање породице, Карвер је као сасвим млад човек искусио управо онај живот који ће пренети у низ својих прича као сведочанство о свакодневици америчког северозапада, где је и сам провео највећи део живота. Карверова проза је стога уроњена у реалност, али је он поступком брижљивог и аналитичког декомпоновања стварности и њеног поновног креативног обликовања, нуди у посве необичајеном светлу, са опорошћу реалистичких исечака специфичних значења, набоја и дубине, којем, међутим, унутрашња слобода комбиновања строго одабраних података даје призвуке никад до краја дефинисаног, удвојеног, или чак увишеструченог значења и димензија које не само што заобилазе, већ и руше класични концепт реалистичке истинитости. Карверов пројект реалности подједнако је заснован на компонентама субјективног и објективног реалитета те је истовремено дистанца и блискост у односу на предмет његовог приповедања условљена колико жељом да се оголи детаљ толико слободом коју својим књижевним чињеницама даје писац који допушта да скривене тензије, сензибилитет или евокативност несметано зраче из дубине микросвета предмета и бића њихове књижевне збиље. То омогућује да се Карверов књижевни говор доживи и као непристрасно сведочење исто колико и скривено разумевање, саосећање и нежност које из њега избија.

Но заједнички именитељ Карверових приповедака јесте у првом реду заокупљеност суштином приповедног идеала: да се грађа сажме до максимума, а да при том зрачи своју истинитост и уверљивост, да оскудност подлоге не постане препрека слободном струјању причом сугерисаног, али и неког новог, могућег, непредвиђеног значења. Карвер у том погледу постиже одиста најтеже: да значења извиру из саме поставке елемената у одабраној грађи, да ослобађају своје поруке без нараторовог посредовања. Најчешће се токови приче везују за унутрашњи план освајања смисла, у којем необичени или посебно активирани детаљи постају носиоци промене, једног новог сазнања, које се у судбини Карверових јунака попут завесе диже са једне, дотле владајуће представе, да би открила стварност у сасвим новом виду. Економичност ових решења равна је метафоричности необично широког опсега: она премошћује јаз између индивидуе и другог, расцеп између Ја и стварности, или, што је подједнако узбудљиво, Карверовог јунака одводи до друге стране тога Ја. Друга раван значења упућује на својеврстан смисао, важних спознаја, везаних не само за јунаке, већ и за битност специфично књижевних закључака, који се уздижу и изнад садржаја и изнад форме самога дела, у универзалност своје уметничке истине. Она најсуптилније израста из крунске приче збирке, „Катедрала", узносећи се, узлазном линијом самог свог носећег појма, у мета-план књижевног значења, који може да представља и чисту, депатетизовану апотеозу идеје стварања, колико и да сугерише спој материјалне и духовне реалности, видљивог и невидљивог, у којем Карвер осећа неопходну и нераскидиву везу, какву, упркос свим неспоразумима, жели да види и између човека и његове стварности, или између самих људи. Та непомућена вера у комуникацију као непресушни извор хуманитета на најраскошнији начин наткриљује причу иза које остаје још много онога што је карверовска тајна и ћутање.

Сматрајући себе првенствено песником, Карвер је у основ своје поезије унео дубоки али готово опипљиви смисао споне света субјекта и света ствари, као што је, у једној специфичној, поетској димензији своје прозе умео да оствари чудесан, сугестиван траг неопипљивог, невидљивог и неизговорљивог.

ЛЕТ ЛЕПТИРА КУПУСАРА

Машењка Владимира Набокова
Превео Петар Вујичић

Од девет романа које је Владимир Набоков написао на руском језику, двадесетих и тридесетих година, осам је сâм превео на енглески и они су, унеколико измењени и побољшани у својим новим верзијама, објављени у низу који се заокруживао седамдесетих година, у време када су објављени и најбољи његови романи писани на енглеском, његова ремек-дела *Бледа ватра* и *Ада* (1969). Део магичности и мајсторског умећа зрелог Набокова тако је пренесен и у његове енглеске дораде руских романа. Изузетак, међутим, представља *Машењка*, први Набоковљев роман, објављен на руском (1926), а последњи који се појавио у овом преведеном низу

(1970). У преводилачком раду Набоков је у овом случају учествовао само као сарадник Мајкла Гленија, исказујући тако сасвим јасну жељу да остане на дистанци и да, за разлику од претходних руских романа, овај ни у ком смислу не преобликује нити мења. Не кријући да је за ову своју књигу, објављену за време његовог раног емигрантског избивања у Берлину, сентиментално везан, он у предговору енглеском издању помиње и њене очигледне слабости, које ће критика открити „као од шале", али и своје опредељење да превод до краја буде веран првобитном тексту.

Тако је *Машењка*, готово незапажена у доба када је објављена у Берлину на руском, и у енглеској варијанти (књига се појавила под називом *Мари)* сачувала све одлике првенца којим је започео први стваралачки циклус великана књижевности овога века. Циклус који је, у време берлинског и париског периода пишчевог „добровољног изгнанства" и плодног стваралачког и преводилачког рада, уродио настанком девет романа – од којих ће неки, попут *Лужинове одбране* (1930), *Очајања* (1936). *Дара* (1937) или *Позива на йогубљење* (1938) – означити јединственост Набоковљеве књижевне појаве. Оне за коју је Буњин изјавио да представља „читав један нови свемир". А претачући драгоценост својих истанчаних и богатих језичких знања и књижевног мајсторства из једног језичког окриља у друго, егзистирајући као руски писац у књижевности која је европска и америчка, вративши се, напокон, заслугом властитог дела, у садашњу књижевност своје отаџбине, разапињући тако крила своје уникатности преко континената, историјских преображаја, друштвених устројстава, бивајући изнад свих књижевних утицаја и обола, изнад свих ван-литерарних функционализација и осмишљавања књижевности, Набоков дословно запрема и покрива, истовременом непоновљивошћу и универзалношћу књижевних димензија, смисао појма *свейски йисац*. Присећамо се и Данила Киша: „Једини светски писац је – Набоков!"

Машењка уводи у свет емигрантског доживљаја туђине али и још свежих, болних и никад залечених рана растанка од домовине. Опис берлинског пансиона госпође Дорн и њених изгубљених, нигде припадајућих станара, њихове овлашне везе и појединачни портрети – спадају у можда најконвенционалнији део ове Набоковљеве прозе – који се ипак показује као добро одабран оквир – затамњено и заљуљано стециште неизвесних судбина Набоковљевих људи-сенки. Њихову пролазност и неважност у тегобности странствовања потенцира управо чудновата лелујност овог привременог уточишта и за читаву романескну поставку вишеструко симболична мимоходност звукова локомотива и јурњаве градских возова, из које израста слика непостојећег уточишта, синоним избеглиштва, „куће која је живела на железничкој промаји".

Случајност веза њених укућана и непредвидљив, судбински значај њихових наоко површних додира (наговештени случај-фатум *Бледе ватре* и других Набоковљевих дела) сплиће уводна сцена, у којој се будући главни актери први пут срећу – у мраку заглављеног лифта. Када се роман ишчита до краја, почетак добија пуноћу значења, као што неки догађаји у животу, потврђени у будућности, показују сву своју важност накнадно осветљени. Тако је, у самом почетку, већ овом сценом, саопштено готово све што одлучује о судбинама јунака, а да се то ипак још не зна. Кратке реплике, сналажење у мраку и конвенционално приближавање два станара истог пансионата назначују њихове портрете, различите и удаљене: један се указује као уздржан, повучен, други неспретно наметљив. Обојица су, међутим, у истој замци гвозденог кавеза, симболичкој емигрантској забрављености у клопку тмурне садашњости, изгубљене прошлости и нејасне будућности.

У кратком тренутку заточења у лифту и предстојећем шестодневном очекивању двојице јунака да се деси нешто важно и исходно (Алфјорову долази жена а у исти дан Гањин планира да напусти Берлин) зачет је и сугерисан читав роман. Дијалози су бриљантно наговестили карактере, расплитање путева, али су оставили скривено оно што је суштина. Готово да цео роман говори снагом онога што је одсутно. Тако је дочарана прошлост (Русија), садашњост (непостојање чврстог животног ослонца), будућност (замагљена и невидљива), главне драмске тачке – долазак супруге Алфјорова и Гањинов одлазак – нису описане, али у тим тачкама роман започиње, иде врхунцу и завршетку. Оно што је присутно и видљиво тако на страницама ове прозе непрекидно подразумева и призива онај значајнији део – неприсутно и невидљиво. Сама прича открива један необичан троугао, који чине два присутна судеоника, али њихова спона, женски лик – за једног је само фотографија и ишчекивање у пансионској соби, а за другог успомена и измаштан, имагинаран сусрет. Одсутна јунакиња фигурира, међутим, у свести Алфјорова као упориште једноставне и штуре животне реалности, за Гањина је пак она непрекинути извор раскошне нежности унутарњег живота, говора сећања, подстицајне животне снаге. Немаштовити, оскудни свет Алфјорова, његово приклањање *заточеништву* у чију ће самотност и неизмењивост бити увучена и његова нада – очекивана млада жена – (што сугерише и деталь са фотографијом, *затвореном* у фиоци стола – и Гањиново *удахњивање живота* сећањем (Набоков управо тако дочарава тренутке Гањинових реминисценција), као и раскошна палета пастела којима сећање наново слика реку, јесењу свежину лишћа, танани женски лик, живост говора, снег на девојачкој пути – јасна су опозитност у којој приањање уз голу животну стварност сугерише идеју његовог унутарњег *гашења*, а додир успомене и сна — *буђење* и духовно гранање, односно, нову могућност измицања стварносном заточењу. Ова опозитност најављује поетички паралелизам тема које су константа Набоковљеве прозе и која ће увек изнова бити остварена, у сваком од његових дела, из различитих перспектива и на различите стилске начине.

У овоме пак, младалачком роману, у титрају симболике детаља који више наговештавају но што директно саопштавају, техником супротстављања факта и успомене, најделотворније је усмерена организација грађе и њеног смисаоног зрачења, а симетрија противстављености до танчина изведена. За Алфјорова, његова жена зове се просто, Марија. У Гањина, ништа није обично. Име Машењка најављује сву драж његове прве љубави још када га је први пут чуо. Алфјоров своја очекивања исказује директно, без призвука интиме и светковине предстојећег сусрета. За Гањина су шест дана чекања преточени у баршун успомене којом лепрша лептиролика машна на девојачком потиљку, задихани ритам реченица из писама сачуваних у лисници, писама која су северњачку Машењкину загубљеност и ратне рMacGyverову Крима повезивали „дирљиво чаробним" летом лептира купусара „кроз страшну Русију". Тако паралелизам светова тоне напокон и у саму Гањинову личност, која непрекидно у себи разлучује одбојност сужене и плитке реалности и непоробљиву слободу сна, непрекидну свежину сећања на младалачку љубав. Његово сновидно враћање Машењки и његово бекство од Људмиле управо су, у најдубљој интими, сведени путеви лепог и страшног, закриљени вијорењем јесењих измаглица и петроградског снега који је мирисао на непатвореност осећања, на трајност сна.

Кроз ликове Алфјорова и Људмиле Набоков започиње свој жестоки обрачун са тривијалношћу и плиткошћу, као што Гањиновим бегом из „куће сенки" брани лепоту и раскош духовности, истинског живота, скривеног у дубинама човековог маштарског и стваралачког бића. Бриљантна епизода романа у којој Гањин препознаје себе на филмском платну, као статисту који остаје неспажен, споредан, неважан, најављује његове одлуке и његово повлачење из игри сенки којима се тако опасно примакао. Гањиновим ликом Набоков започиње дуг живот својих двоструких ликова и енигму двоструких имена, двоструких поља, непрекидно супротстављених равни, иза чијих оцаклина вребају лавиринти нових простора игре, где се крију опасности вечитог утамничења у царству сенки или непрекинута врела неспутаног, стваралачког надвладавања реалности. Гањинов свет снова, отргнут од реалности, претаче се у обликовање сопствене судбине — управо у суботњем мимоходу возова, од којих један доноси стварну, обичну жену, Марију, а другим, заједно са њим, долази стварност његовог сноликог романа са Машењком. Набоков је овим романом, прекривши лирским тоном Гањинових успомена непосредну аутобиографичност, исказао свој рани отпор свету једнозначности, трошности, вечите заборављености у сенку пролазног и неважног. И, говору реалности – површног и пролазног. *Машењком* је овај писац започео говор незаборава (нимало случајно последња верзија његове аутобиографије носи назив *Говори, сећање*), индивидуалног и непоновљивог сенчења реалности дубинама имагинарног, слободама сновидно лепог.

Тако су се и реална Русија и Русија емоција у овом делу среле, у једној једној реалности уметничке визије, као што се у *Машењки* пишчево најдубље лично искуство и искуство небројене емигрантске сабраће прожимају, говором одсутног и чежњом одсутних – вером да без њих, избеглих и одбеглих, без њиховог сећања и љубави, ни ње, Русије, не може бити. Илузија или стварност? Или спој удаљеног, неспојивог, у чудесној реалности дела, које је, као и друга у овој раној фази стварања, Набоков потписао презименом Сирин. По руској митолошкој дугорепој сови, која лети и дању, одабрао је свој псеудоним. Лет те сове започет је и наговештен летом лептира купусара из овога романа који спаја лепо и страшно. И када је преузео своје презиме, Набоков, овај писац се није одрекао распона који премошћује неспојиво и којима се види невидљиво – чудесност вишепризмичних дубина, умноженост огледала дана и ноћи.

Библиографија

Амихај, Јехуда: *Изабране песме*. Изабрали и превели: Давид Албахари, Милош Комадина, Раша Ливада. Библиотека „Покретни празник", Градина, Ниш, 1990.

Антологија италијанске приповетке. Избор, превод, поговор и белешке: Јасмина Тешановић. Светови, Нови Сад, 1991.

Банвил, Џон: *Кеплер*. Роман. Превео са енглеског Ђорђе Кривокапић, Нолит, Београд, 1990.

Белоу, Сол: *Сребрна чинија*. Приповетке. Превео с енглеског Давид Албахари. Рад, Београд, 1990.

Бертолино, Никола: *Феномен Рембо*. Нолит, Београд, 1991.

Братић, Радослав: *Страх од звона*. Приповетке. Српска књижевна задруга, Београд, 1991.

Буњин Иван: *Тавни дрвореди*. Превела са руског Злата Коцић. Нолит, Београд, 1991.

Великић, Драган: *Астраган*, Роман. Библиотека „Хит". Знање, Загреб, 1991.

Гомбрович, Витолд: *Порнографија*. Роман. Превео са пољског Петар Вујичић. КОВ, Вршац, 1991.

Грбић, Драгослав: *Узмак*. Роман. Српска књижевна задруга, Београд, 1990.

Димовска Мићић, Милица: *Одмрзавање*. Приповетке. Матица српска, Нови Сад, 1991.

Калезић, Драгиша: *Још сам овде*. Библиотека „Дијалог". Рад, Београд, 1990.

Карвер, Рејмонд: *Катедрала*. Приповетке. Превела с енглеског Маја Херман Секулић. Народна књига, Београд, 1991.

Кенеди, Вилијем: *Легз*. Роман. Превела с енглеског Милена Петровић. Просвета, Београд, 1991.

Киш, Данило: *Песме и препеви*. Приредио Предраг Чудић. (Песме, Мађарска рапсодија, Руска руковет, French Cancan. Изабрали: Предраг Чудић, Ото Толнаи и Радивоје Константиновић). Просвета, Београд, 1992.

Коцић, Злата: *Оро око гротла*. Песме. Књижевне новине, Београд, 1990.

Куци, Џ. М.: *Ишчекујући варваре*. Роман. Превела с енглеског Јелена Стакић. БИГЗ, Београд, 1990.

Лалић, Иван: *Писмо*. Песме. Српска књижевна задруга, Београд, 1992.

Лимонов, Едуард: *То сам ја, Едичка*. Роман. Превела са руског Радмила Мечанин. Филип Вишњић, Београд, 1991.

Максимовић, Мирослав: *Животињски свет*. Песме. Српска књижевна задруга, Београд, 1991.

Миљковић, Бранко: *Изабране песме*. Тридесет година од песникове смрти. Приредио и поговор написао Мирослав Максимовић. БИГЗ, Београд, 1991.

Моравија, Алберто: *Пут у Рим*. Роман. Превела са италијанског Александра Милићевић. Библиотека „Хитац". БИГЗ, Београд, 1991.

Набоков, Владимир: *Машењка*. Роман. Превео са руског Петар Вујичић. КОВ, Вршац, 1991.

Павловић, Живојин: *Азбука*. Исповест. Библиотека „Крајински круг", књига друга. Издавачи: ЈП „Штампа, радио и филм" (Бор) и Књижевна омладина Бора, 1990.

Павловић, Живојин – Милановић-Зековић, Душанка: *Лудило у огледалу*. Разговори. Српска књижевна задруга, Београд, 1992.

Павловић, Живојин: *Траг дивљачи*. Роман. Свјетлост, Сарајево, 1991.

Павловић, Миодраг: *Есеј о човеку*. Песме. КОВ, Вршац, 1992.

Павловић, Миодраг: *Есеји о српским песницима*. Српска књижевна задруга, Београд, 1992.

Павловић, Миодраг: *Песме о детињству и ратовима*. Српска књижевна задруга, Београд, 1992.

Павловић, Миодраг: *Читање замишљеног*. Есеји из светске књижевности. Библиотека „Светови". Братство-Јединство, Нови Сад, 1990.

Паз, Октавио: *Друкчије мишљење*. Есеји. Превела са шпанског Драгана Николић. ИП Светови, Нови Сад, 1991.

Попа, Васко: *Песме*. Приредила и поговор написала Светлана Велмар Јанковић. БИГЗ, Београд, 1992.

Поповић, Богдан: *Листићи*. Приредили: Богдан Љ. Поповић и Мирослав Јосић Вишњић. Српска књижевна задруга, Београд, 1991.

Путник, Радомир: *Читајући изнова*. Огледи из драматургије и театрологије. Библиотека „Драматуршки списи". Стеријино позорје, Нови Сад, 1990.

Радовић, Борислав: *Песме 1971–1991*. Нови глас, Бања Лука, 1991.

Рембо, Артур: *Сабрана дела*. Превод, предговор и белешке: Никола Бертолино. Нолит (Београд) и Јединство (Приштина), 1991.

Савић, Милисав: *Хлеб и страх*. Роман. Српска књижевна задруга, 1991.

Симовић, Љубомир: *Игла и конац*. Песме. Српска књижевна задруга, Баоград, 1992.

Табуки, Антонио: *Индијски ноктурно*. Превеле са италијанског Ана Србиновић и Елизабет Васиљевић. Библиотека „Путујући празник". Градина, Ниш, 1990.

Тешић, Гојко: *Српска авангарда и полемички контекст*. Светови (Нови Сад) и Институт за књижевност и уметност (Београд), 1991.

Транстремер, Томас: *Формуле путовања*. Песме. Избор и превод са шведског: Мома Димић. КОВ, Вршац, 1991.

Фаулз, Џон: *Колекционар*. Превео са енглеског Зоран Мутић. Народна књига, Београд, 1991.

Ђурчин, Милан: *Сабране песме*. Приредио и предговор написао Васа Павковић. „Свеске". Издавач: Заједница књижевника Панчева. Панчево, 1991.

Црњански, Милош: *Антологија кинеске лирике* и *Песме старог Јапана*. Приредио и поговор написао Александар Петров. Библиотека „Жива прошлост". Народна библиотека Србије (Београд) и Дечје новине (Горњи Милановац), 1990.

Црњански, Милош: *Испунио сам своју судбину*. Приредио: Зоран Аврамовић. Поговор: Никола Милошевић. Библиотека „Разговори с писцима". БИГЗ, Српска књижевна задруга, Народна књига, Београд, 1992.

Белешка о писцу

Тања Крагујевић (1946), рођена је у Сенти. Филолошки факултет завршила је у Београду, где је магистрирала, на Групи за општу књижевност са теоријом књижевности, под менторством проф. др Зорана Гавриловића.

Објавила је књиге песама: *Вратио се Волођа* (Матица српска, Нови Сад, 1966), *Несан* (Багдала, Крушевац, 1973), *Студ* (Просвета, Београд, 1978), *Самица* (Нолит, Београд, 1986), *Осмејак омчице* (КОВ, Вршац, 1993), *Мушка срма* (Српска књижевна задруга, Београд, 1993) и *Дивљи булевар* (Рад, Београд, 1993).

Добитник је Бранкове награде за поезију (1966), награде „Исидора Секулић" за есеј (за студију *Митско у Настасијевићевом делу*, Вук Караџић, Београд, 1976). и „Ђура Јакшић" за песме (за збирку *Дивљи булевар*, Рад, Београд, 1993).

Бавила се издавачким радом, као уредник у „Народној књизи" у Београду. Данас је слободан уметник, живи у Земуну.

Књига *Додир пауновог пера* обухвата текстове подстакнуте сарадњом са Другим програмом Радио Београда (емисија „Путевима културе"), као и оне објављене на страницама Културног додатка листа *Дневник*, из Новог Сада и *Политике* из Београда, а такође на страницама *Књижевних новина, Књижевне речи*, као и у књижевним часописима *Летопис Матице српске, Српски књижевни гласник*, и другим.

САДРЖАЈ

ПОД ЛАМПОМ У ОБЛИКУ ГЛОБА

Тања Крагујевић
ДОДИР ПАУНОВОГ ПЕРА
Књига читања

Издавач
ИП *РАД*
Београд, Моше Пијаде 12

За издавача
Зоран Вучић

Главни уредник
Јовица Аћин

Технички уредник
Ђуро Црномарковић

Коректор
Миладин Ђулафић

Computer layout
Графички студио *РАД*

Штампа
ГОРАГРАФ
Нови Београд, Тошин бунар 153

CIP – Каталогизација у публикацији
Народна библиотека Србије, Београд

886.1/.2-4

КРАГУЈЕВИЋ, Тања
    Додир пауновог пера : књига читања / Тања Кра-
гујевић. – Београд : Рад, 1994 (Београд : Гораграф). –
158 стр. ; 23 cm

Белешка о писцу: стр. 155. – Библиографија: стр.
151–153.

886.1/.2.09   82.09

а) Српскохрватска књижевност – 20в
б) Светска књижевност – 20в
ИД=30941196

ISBN 86-09-00359-0